NGOの選択

グローバリゼーションと対テロ戦争の時代に

日本国際ボランティアセンター（JVC）著

めこん

＜パレスチナ＞
医薬品の運搬も道路封鎖によりしばしば断たれる（ヨルダン川西岸，2004年）

＜パレスチナ＞
地元産の牛乳を栄養の不足しがちな子どもたちに配布（ガザ地区ジャバリヤ難民キャンプ，2005年）

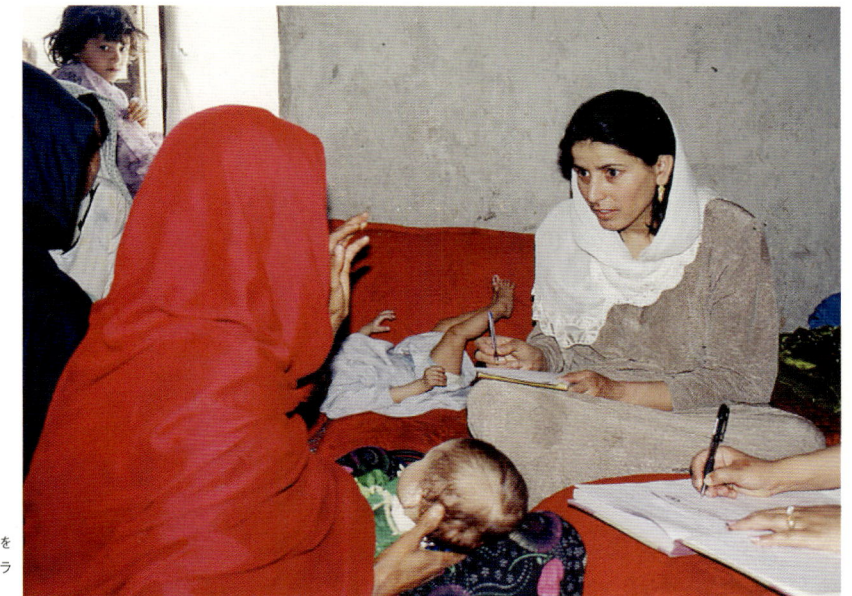

＜アフガニスタン＞
巡回診療で母子の健康を見守る女性医師（ジャララバード，2002年）

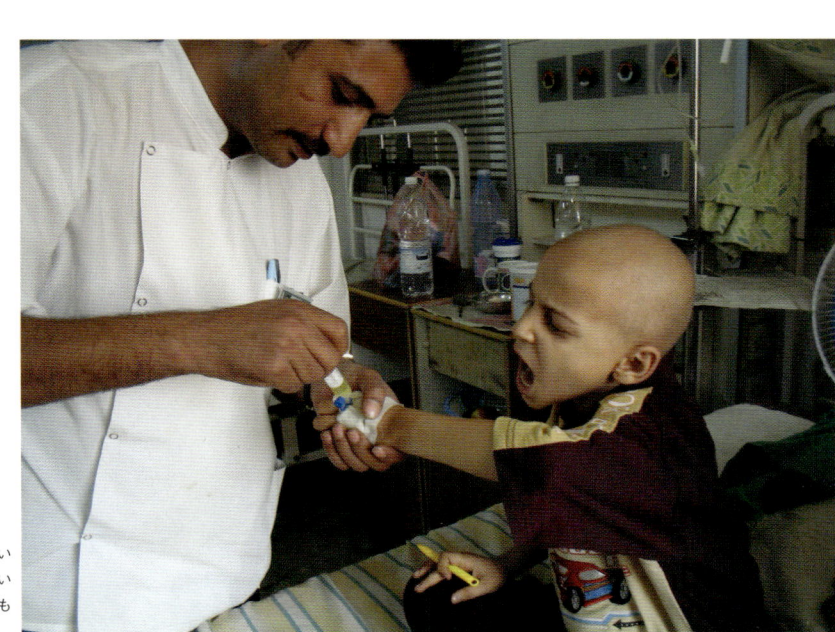

＜イラク＞
白血病の子どもは多いが、薬は常に不足している（バグダッドの子ども病院，2004年）

＜北朝鮮＞
食糧配給所に支援米を引き取りに来る託児所の先生（江原道元山市，2004年）

＜北朝鮮＞
日本から送られてきた絵に見入る小学生（平壌，2004年）

＜タイ＞
漁船が押し流され、家屋が破壊された（パンガー県，2005年）

＜南アフリカ＞
モデル農園が広がる
(東ケープ州カラ地区,
2005年)

＜南アフリカ＞
エイズは南アフリカで
大きな社会問題となって
いる(ヨハネスブルグ,
2005年)

＜ベトナム＞
山間に拓かれた畑。土壌浸食が問題となっている（ホアビン省，2005年）

＜ベトナム＞
堆肥作りに精を出す村人たち（ソンラ省，2005年）

<ラオス>
水牛は農民にとって最大の財産である(カムアン県, 2003年)

<ラオス>
森をどう活用し、守るか、村人と考える(カムアン県, 2003年)

＜カンボジア＞
農業研修を受ける村の人びと（オンスノール，2005年）

＜タイ＞
有機野菜を育てる農園が村にできた（コンケン県，2004年）

ＮＧＯの選択

グローバリゼーションと対テロ戦争の時代に

はじめに

　1980年に日本国際ボランティアセンター(以下JVC)が発足して、今年で25年になる。インドシナ難民の支援に始まり、紛争時の緊急支援、紛争後の生活再建支援、そして開発協力と世界の10ヵ国以上においてさまざまな経験を積んできた。

　この本は、JVC設立20年の節目に出版した『NGOの時代』(めこん、2000年)後の5年間の取り組みと、活動を取り巻く世界情勢の中で常に意識させられてきたNGOの担うべき役割について、改めて考察、提案する書である。

　私自身、JVCに参加して今年で18年になる。この間カンボジア、アフガニスタン、イラクなどさまざまな紛争地を見てきた。どの地においても、多くの一般市民の命が失われ、困難な生活を強いられる実情を目の当たりにして浮かぶのは、どうしてこうなってしまうのだろうかという素朴な疑問である。私たちは何年経っても、紛争を未然に防ぐことはできず、結果的に起きてしまった紛争、戦争にリアクティブに反応する作業を続けている。そして、その作業は、いつの間にか「国際貢献」という美名の中に埋もれ、戦争をけしかけた当事者(国)と並んで、水を運び、建物を直し、怪我人の手当てをしているのである。こうして、「いったい、誰がこんなふうにしたんだ？」という問いは国際社会の中からも消え去っていく。特に、「9.11」事件を境に、報復と脅威への予防を口実に武力行使が正当化され、巻き込まれる市民の犠牲を黙認する空気も感じられる。

　他方、経済のグローバリゼーションが進んだことで、経済的な利権争いが紛争直後の「国際貢献」とオーバーラップし始めた。利権獲得の競争にますます拍車が掛かってきた昨今、NGOまでもが政府資金と一体となって、いち早く難民キャンプに旗を立てることに取り込まれている感がある。むろん、困っている人々に一刻も早く支援の手を差し伸べることは大切だ。しかし、

NGOという非政府の立場での関わりは、単に迅速性だけで評価されるべきではなく、中立な立場から援助の政治性を緩和し、偏りの是正に声をあげてこそ、真価を発揮できるのではないだろうか。そして、もっとも大事なことは、そもそもなぜそのような状況になったのかという点をしっかりと問うことだ。

　今、私たちは、誤った政策を黙認するのでもなく、支援者にとってのわかりやすさを追求するのでもなく、他国のNGOと競争するのでもない、人道と人権の軸をしっかりと持った活動を続けるべきだと考える。

　2005年2月、JVC東京事務所にすべての現場からスタッフが集まり、これからの10年の方向性を話し合う機会を持った。その結果、以下の方針を確認した。

　「JVCは、紛争、災害、そして構造的な貧困、差別の中で困難な状況にいる人々が、安心して暮らせる平和な社会を実現するために、①武力によらない紛争解決の具体的事例(現場の活動、アドボカシー、啓発)を積み上げる。また、グローバル化する世界の中で、人々の安定した暮らしを構築するために、②草の根の人々の相互扶助の強化と、環境に配慮した地域内循環の仕組みづくりを進める。そして、③それぞれの活動が持つ社会変革のメッセージを効果的に伝えることに努力する」

　本書では、その方針につながる背景にある考え方、あるいは提案を投げかけるため、今まさに時代の現場にいて具体的な活動に取り組むスタッフと、こうしたNGOの動きを大きな視野で客観的に見つめ続けている識者に執筆をお願いした。

　第Ⅰ部は、現在の社会情勢の中でのNGOの位置を大きな視点で捉えるという主旨で、時間軸と水平軸の双方から考察する。まず第1章では、代表の熊岡がJVCという団体が歩んできた25年がどのような道のりであったのかを、カンボジアの和平プロセスなど具体的な事例をもとに解説した上で、これからの方向性を時間軸の延長線上に示している。第2章では、長年新聞記者という客観的立場からNGOを見てきた大和氏より、激しく変動する世界

の中で、NGOが今どのような態度で社会と向き合うべきかを提案していただいた。また、第3章では、調査研究担当としてODAや外交政策に幾多の提言を起案してきた高橋が、NGOと政治のスタンスを多面的に分析し、もたれ合うことのない、是々非々な緊張関係を意識的に持つことの重要性を提起している。

　第II部では、過去5年を振り返る中で忘れてはならない「時代の現場」、アフガニスタン、イラク、そしてパレスチナからの現状報告と問題分析、そして私たち日本市民が関わる意義を、現場で活動するスタッフが執筆した。とりわけ、「9.11」以降際立ってきた世界唯一の超大国アメリカに翻弄される国際社会と、その野望の下で失われる尊い小さな命の狭間で、JVCはどう行動し、何を訴え、そしてその声をどこに届けるべきかを再考している。

　この章でキーワードとなるのが、「テロ」と「治安」、そして「人権」である。目に見えない脅威ばかりが誇張される中で、「なぜテロは起こるのか？」という根本原因を追究する意識は隅に追いやられた。そして皮肉なことに、人々に安全を保障するはずの政策がもたらしたもの、それは「戦争」だった。さらに、「テロには屈しない」というスローガンが繰り返し唱えられ、制限のない軍備拡大が始まった。この一連の戦争でテロリストは減っているのか？　尊い命を失っているのは誰なのか？

　この章を構成する3人の現場スタッフは、現実と格闘しながらこの問いに答えようとしている。第1章でアフガニスタン駐在の谷山が、終わりの見えない対テロ掃討作戦の中で、回復しない治安と睨み合いながら市民生活を回復していくことの苦労と葛藤を報告する。特にここで問題とされているのが、軍隊という組織と人道支援の関係である。この問題は続く第2章でイラク駐在(現在はヨルダン)の原が、戦争の終結宣言後も米軍と反米「テロ」集団との抗争が続くイラクにおいて、人道支援の「スペース」が狭められていく現状を報告している。そして、第3章では長年パレスチナの人々に寄り添って活動を続けているJVCパレスチナ駐在の藤屋が、いわゆる「対テロ戦争」勃発後、ますます拍車が掛かったイスラエルの占領政策に翻弄され続けるパレスチナの人々の生活と、NGOの活動の意味を再考する。またその延長線上

にパレスチナ人の人権を尊重し、活動するイスラエルのNGOとの協力活動も紹介し、あきらめずに双方の理解、信頼醸成のプロセスをサポートする姿勢を訴える。

JVCの1つの特徴は、これまで述べてきたような、いまだ紛争状態にある地域での人道支援活動と並行して、長期的な開発協力をもう1つの柱としているところにある。カンボジア、ラオス、ベトナムなどかつて深刻な戦争被害を受け、難民の流出、そして帰還という流れの中で、長期間安定した生活基盤を持つことができなかった人々に対して、私たちにできることは何かを模索し続けている。

第Ⅲ部では、紛争が終わった地域において、安定した暮らしを取り戻すために、あるいは確立するために私たちの活動には果たしてどのような成果、意味があったのかを考察する。これまで住民主体といいながら、結局はNGO主導の計画を推進し、形は整えど中身が稀薄な"形骸化"を招いた活動もあることを真摯に振り返り、どのようなスタンスで開発の主体である現地の人々と関わるべきなのかを再考する。これまで、NGOの組織としての活動方針や意思決定の仕組みなど、その"あり方"について内部の論議はあったが、もう1度、世界の状況の中でその位置を見直し、過去の慣習や経験にとらわれない新しい活動のあり方を提示しようとするものである。

第1章では、アフリカ諸国での実践だけでなく、アジア地域における農村開発の活動にも見聞の広い壽賀が、JVCが実施している各地の農村開発事業を俯瞰し、「自立」という言葉の本質を考察、その具体性とは何かを問いかけている。この問いは第2章のカンボジア駐在の山崎の論文にも引き継がれ、プロジェクトの主体、自立に関する既存の考え方にメスを入れている。双方に通じているのは、プロジェクトという枠を超えて、生き方、理念を共感できる仲間となることが、ひいては世界の大きな動きに翻弄されない草の根のネットワーク構築につながることを示唆している点だ。地球規模の市場競争、いわゆるグローバリゼーションは村と農家のくらし、そこでの農の営みを足元から揺るがしている。地域で確かな農とくらしの営みをどう作り上げるかは、農村開発で今もっとも問われている課題である。そのための1つ

の提案とも言えるタイでの流通を軸にした地域の小規模市場の取り組みについて、第3章でタイ事業担当の倉川が報告する。

さて、以上のようなJVCの活動を点に終わらせることなく、面としての効果を持たせるためにどのような努力が必要か。

第Ⅳ部では、個別の活動を超え、外交問題や政府開発援助(ODA)、あるいは市民社会の活性化という大きな課題に焦点を当て、その中でNGOが果たすべき役割について考察する。また、そうした活動に対する支持層を増やすための工夫の1つとして、日本の地域からの具体的な取り組みを紹介する。この章は、特に現状認識に客観性が求められる部分でもあることから、経験豊かな外部の識者に執筆をお願いした。

第1章では、岡本氏に東アジアという地域の中で考える日本、隣国と向き合うための日本人の姿勢について論じていただいた。その中で、JVCが続けている北朝鮮市民に対する人道支援および交流事業に対する客観的な評価も頂いた。第2章では、ODA問題に詳しい長瀬氏が、近年「国益」ばかりが強調されることで、外交の道具化しはじめている日本のODAの傾向と問題点を解説。NGOはこの潮流に流されないために、自らの羅針盤を持つべきであるとの提言をいただいた。さらに、海外の現場を中心に活動するJVCが、糸の切れた凧にならず、しっかりと日本の市民社会の中にも位置づくために、どのような人々、あるいはグループとの連携を推進するのが有効なのかが問われる。第3章でWE21ジャパンの小川氏に、食の安全や人権・平和の問題に取り組む生活協同組合運動を基盤に生まれた、市民活動NPOの地域での活動と海外協力が合体した新たな運動の広がりと可能性について論じていただいた。

以上の多様な執筆陣によるメッセージが、平和で公正な社会の構築をめざす人々が前向きで建設的な議論をするためのたたき台となれば幸いである。

2005年10月14日

日本国際ボランティアセンター　事務局長　清水俊弘

NGOの選択 グローバリゼーションと対テロ戦争の時代に・目次

はじめに………………………………………………………清水俊弘　1

第Ⅰ部　転機に立つNGO

第1章　歴史の中のNGO……………………………熊岡路矢　15
　1．冷戦構造下の国際協力NGO……………………………………16
　❶日本国際ボランティアセンター（JVC）が生まれた時代とその背景………16
　❷自ら動くこと（＝自発性）と市民性、JVCのインパクト………………18
　❸「冷戦構造」下70年代〜80年代の国際協力NGOの位置……………20
　2．冷戦構造の崩壊以降、とりわけ「9.11」事件以降のNGO…22

第2章　共生社会の水先人たち　試される現場に根ざした「非政府」の提言力
　………………………………………………………大和　修　27
　1．強者の論理だけでよいのか………………………………………27
　2．熱を帯びる政策提言づくり………………………………………30
　3．人道支援に「構造」の壁…………………………………………33
　4．現場を持つ強みが議論を支える…………………………………36
　5．独立性支える実利意識を…………………………………………39

第3章　新しいNGOの方向性を求めて……………高橋清貴　45
　はじめに………………………………………………………………45
　1．NGOの政治1：国家とNGOの関係……………………………47
　2．NGOの政治2：普遍性を求める国連とNGO…………………49
　3．NGOの政治3：「持続性」はNGOの持続性か………………51
　おわりに：「合理的な不同意」に向けた対話へ……………………53

第Ⅱ部　時代の現場から

第1章　アフガニスタン、対テロ戦争の時代を生きる……谷山博史　61
1. 9.11とアフガン戦争……61
1 9.11とアフガン空爆——同じ時代を生きるものへの問い……61
2 緊急援助の開始——緊急援助のパラドックス……62
3 同時進行する復興と戦争……64
2. 復興援助のパラドックスとJVCの活動
　　——問われるNGOの存在……65
1 JVCの活動の変遷……65
2 村とどう付き合うか……67
3 保健医療支援に見るグローバリゼーションと民営化……68
3. 軍・NGO・復興援助の関係……69
1 JVCが遭遇した事件……69
2 援助の軍事化と民主化のパラドックス……70
3 軍による人道援助……70
4 軍による人道援助の自己増殖……72
5 米軍に対するアドボカシー……72
6 NGOの自家撞着……73

第2章　イラク、人道支援の現場から　悪化する治安情勢の中で継続する人道支援
　　　　……原　文次郎　75
1 今も続く武力衝突……76
2 被爆国日本のNGOとして……77
3 イラク市民社会とどうつながるか……79
4 軍と人道支援——問われる人道支援の中立性・公平性……80
5 緊急対応(Watch & Action)……82
6 イラク"復興"支援とは？……83

第3章　パレスチナ、誇りと希望を胸に……藤屋リカ　85
1. 和平プロセスの崩壊と9.11以降……85
1 和平プロセスの実態……85
2 ガザ撤退と西岸地区の「壁」……87

２．NGO はどう動いたか ……………………………………………… 88
　　❶ 援助のあり方を問う ……………………………………………… 88
　　❷「テロ」という言葉 ……………………………………………… 89
　　３．JVC のパレスチナにおける活動 ……………………………… 90
　　❶ ガザ地区での子どもの栄養改善支援 …………………………… 90
　　❷ 西岸地区ベツレヘムの難民キャンプの子ども文化センターへの支援 ……95
　　❸ 信頼醸成のための活動の支援 …………………………………… 98

第III部　地域を作る

第1章　農というそれぞれの地の生き方に向けて ……… 壽賀一仁　103
　　１．21世紀初頭の世界と農村 ……………………………………… 103
　　２．JVC の苦闘 ……………………………………………………… 106
　　３．具体性──「地立」と「自律」 ……………………………… 109
　　４．誰とどうつながるか──農村開発から見えるビジョン …… 112

第2章　農民との対等な関係をめざして
　　　　カンボジア持続的農業と農村開発プロジェクト ……… 山﨑　勝　115
　　はじめに …………………………………………………………… 115
　　❶ 農村の現状と JVC の取り組み ………………………………… 115
　　❷ 農村の変容と NGO の役割の変化 …………………………… 116
　　１．プロジェクトを通しての農村との関わり ………………… 117
　　❶ プロジェクトとは何か ………………………………………… 117
　　❷ NGO から見た「プロジェクト」と住民から見た「プロジェクト」……118
　　❸ プロジェクト目標と活動の理念 ……………………………… 119
　　２．住民主体の開発を実現するために ………………………… 120
　　❶ プロジェクトは誰のものか？ ………………………………… 120
　　❷ 住民主体の開発とは？ ………………………………………… 120
　　３．農村にどのように関わるのか ……………………………… 122
　　❶ 住民と住民の信頼関係の促進 ………………………………… 122
　　❷ 情報や技術の提供とその問題点 ……………………………… 123

4．プロジェクトを超えた関係へ ………………………… 125
　　　❶プロジェクトで何をすべきか ………………………… 125
　　　❷住民主体の開発に向けて ……………………………… 126
　　　❸プロジェクトを超えた関係へ ………………………… 127

第3章　地域の人々がつながり、地域が動く　タイの地場の市場づくり
　　　………………………………………………… 倉川秀明　129
　　❶農民たちの流儀 ………………………………………… 129
　　❷農民の借金 ……………………………………………… 130
　　❸村の朝市づくりが始まった …………………………… 131
　　❹町に直売市場ができた ………………………………… 132
　　❺消費者も加わった ……………………………………… 135
　　❻有機農業の広がり ……………………………………… 135
　　❼地域の人々がつながってきた ………………………… 137
　　❽他の地域との交流を重ねて …………………………… 138
　　❾NGOの役割、そしてめざすもの …………………… 139

第Ⅳ部　日本の市民社会を強めるために

第1章　国益論から見たODAの潮流と
　　　NGOの位置どり ………………………… 長瀬理英　145
　　はじめに …………………………………………………… 145
　　１．国益から見た日本のODA ………………………… 147
　　❶ODA大綱改定にあたっての「国益」議論 ………… 147
　　❷ODAの実際における「国益」の反映 ……………… 147
　　２．ODAに対するNGOの位置どり ………………… 155
　　❶現状──いくつかの位置のとり方 …………………… 155
　　❷展望──「漂流」せず、未来を切り拓くために …… 157

第2章　内なる「東アジア世界」と向き合う　北朝鮮人道支援とNGO
　　　………………………………………………… 岡本　厚　160
　　❶東アジアの「鬼子」日本 ……………………………… 160
　　❷偏見と差別意識の連鎖 ………………………………… 162

❸ 人道支援の"壁" ……………………………………………… 164
           ❹ 「市民として」と「国民として」 ……………………………… 166
           ❺ ナショナリズムの高揚の中で …………………………… 168

       最も近く遠い国に向き合うこと ……………………… 寺西澄子 171

第3章　市民社会の中で裾野を広げる
       地域密着型・市民参加型のNPO／NGOの8年間の実践 ……… 小川秀代 173
           ❶ 市民社会づくりの入口に立つ日本 ……………………………… 173
           ❷ 「専業主婦」の力 ………………………………………………… 174
           ❸ アジアの人たちとの共通課題 …………………………………… 175
           ❹ 平和政策から生まれた「WE21ジャパン」構想 ……………… 176
           ❺ 「もったいない」という日本文化への期待 ……………………… 177
           ❻ 女性たちの未来への投資 ………………………………………… 177
           ❼ 参加・分権・自治・公開を基本にNPO同士がネットワーク …… 178
           ❽ 年間50万人の社会貢献 ………………………………………… 179
           ❾ 市民社会の広がりが未来への希望 ……………………………… 184

あとがき ……………………………………………………… 大野和興 185

JVC 25年の歩み ……………………………………………………… 188
JVC 声明一覧 ………………………………………………………… 193

第I部
転機に立つNGO

第1章　歴史の中のNGO

熊岡路矢

　1980年、活動していたタイ・カンボジア国境のカオイダン難民キャンプに隣接する小さな丘に登り東方を眺めると、熱帯の明るい陽光のもと、カンボジアの方向に、深い森林と草原が広がって見えた。難民流出や軍事衝突の厳しい現実とは裏腹に、穏やかにも見え神秘的にも見えた。当時カンボジア国内に入るのは不可能に近かった。2005年現在のカンボジアは91年和平協定成立を受けて、平和が訪れたとはいえ、貧富の差は著しく広がり、「貧しかった80年代」以上に、土地なし農民は増え、身体を売るしかない人々は増え続けている。「キリング・フィールド」が静かに進行している。和平協定以降の国際協力や援助が、NGOの活動も含め、カンボジア底辺の人々の観点で真に有効であったのかが問われ続けている。

　他方、80年代初め、タイ南部、シンガポールやインドネシアのボートピープル・キャンプでの活動で見た海は、2004年12月26日、地震と津波で大きく荒れ、20万人もの人々の命を奪った。現在タイ南部では復興への道筋はついたかに見えるが、深い心の傷は癒されようもなく、インドネシア・アチェ、スリランカの被災地では、復興の緒にすらつけない村々もある。

1．冷戦構造下の国際協力NGO

■1 日本国際ボランティアセンター（JVC）が生まれた時代とその背景
■アジア―世界

　1975年4月、ようやく「ベトナム戦争」は終わり、旧インドシナ地域（ベトナム、ラオス、カンボジア）は社会主義側の勝利をもって、一応の平和を迎えたかに見えた。しかし世界的には、冷戦構造＝「東（ソ連）西（米国）対立」は激化していた。さらにアジア地域では、社会主義のリーダー、ソ連と中国の対立が、地域紛争の様相をいっそう複雑化させ、犠牲者を増やした。1975年以降、ベトナムとラオスから、経済的事由にもより多くの難民が国を離れた。カンボジアは、「ポル・ポト政権」（「民主カンボジア」政権）のくびきの下、鎖国状態となり、政治から人々の生活の様子にいたるまで外部からはいっさいわからなくなっていた（1979年はアジア史・現代世界史の中で、現在にいたる影響を残す大事件が起きた特別な年である。❶79年1月、ベトナムによるカンボジア侵攻。ポル・ポト政権崩壊。❷同年2月には、イラン、ホメイニ革命。❸同年末12月、ソ連のアフガニスタン侵攻。それぞれに、現在進行形の紛争や緊張の源となっている）。

　79年1月のポル・ポト政権崩壊後、それまで移動の自由もなかった人々を含め、戦乱を逃れる多くのカンボジア人がタイ国境に向かった。タイは6月まで兵士の銃剣でこれらカンボジア人を追い返していたが、国連・国際社会の説得を受けつつ、7月（第1回国連インドシナ難民会議、ジュネーブ）以降、本格的にカンボジアからの難民を受け入れ始めた。ポル・ポト時代の悲惨な生活や粛清・虐殺、国境の地雷原での死傷、隣国ベトナムによる支配など多くの関心事も含め、またメディアによる集中的報道もあり、日本の、アジアの、世界の耳目は、カンボジア難民（広くはインドシナ難民）に集まった。

■日本

　この時点で、日本社会は戦後30年以上が経ち、復興はとうに終え、経済・社会的に力を増している時代であった。従来、欧米あるいはソ連・中国にと

第1章　歴史の中のNGO

いたるところに地雷があった（1982年、JVCは活動の拠点を内戦で荒れ果てたカンボジア国内に移した）

どまっていた「外」への関心が、広くアジア、一部アフリカ、中南米にも向かおうとしていた。映画や報道で見る海外、あるいはパック旅行で通り過ぎる世界から、長期駐在のビジネスや留学、時間をかけた一人旅を通して、自分の目と足で世界を理解する日本人が増えていた時期でもあった。

　素朴な感情と行動ではあったが、老若を問わず多くの人々が、インドシナ難民のために何かしたいと思い、動いた。日本の各地域（港湾市・町など）では、漁船などで救出されて到着したベトナム難民に、居住や生活サービスを提供する人々が活動し、タイの難民キャンプに直接向かう人まで現れた。この79～80年時点の日本社会では、戦争を直接経験し生き残った人々が、50～60代（敗戦の1945年時、20代前後）を中心に多くいて、自らの戦争中の辛い生活、過酷な引き揚げ体験や家族の死などと重ねあわせ、わが事のように反応した。若い人々は、直近75年までの「ベトナム戦争」の悲惨な残影と難民の姿を結びつけ、あるいは正義感と冒険心、好奇心の混合したエネルギーに導かれ、行動を始めた。国際協力の分野で「日本はお金を出すだけ」という一部海外

からの批判への反発もあった。

❷ 自ら動くこと(＝自発性)と市民性、JVC のインパクト

　1979年7月のタイ政府の難民受入れ開始とともに、とりわけ報道が広がった9月以降、タイ国内の難民キャンプでは、身軽に日本を飛び出してきた青年が、キャンプ内での家屋・トイレづくりや衣類の整理・配布などで動き出していた。しかし当時、極端に言えば7人いれば7つの国籍の人々と、英語やタイ語で意思疎通をし、その「多文化・多言語社会」の中において緊急救援で動ける日本人はまだ少なかった。国連難民高等弁務官事務所(UNHCR)とタイ政府は、役に立とうと飛んできた日本人ボランティアを活かす受け皿を作ることを日本大使館や日本人会に依頼した。ラオス・タイ在住15年、英語仏語も堪能な星野昌子さんを中心に、JVC が80年2月設立された。在タイ日本人主婦ボランティアの中には、キャンプ内活動に関して、衣類の整理から、活動に関するタイ政府(内務省、軍最高司令部)や UNHCR との交渉で活躍する人々もいた。

　JVC には1つの NGO という側面と、日本の各界と連携しその多様な要望に応えるという「センター」的機能・側面の両方があった。直面する多くの壁を越えた。

❖国内と海外の壁：全国社会福祉協議会など国内福祉に従事する団体、留学生を支援する団体、仏教団体、YMCA や YWCA なども JVC に人を送り、支援金を委託した。神奈川県の長洲知事は「民際外交」として、県民の募金をもって難民キャンプ訪問を行なった。難民の国内受け入れを含め、国内―海外の壁は乗り越えられた。帰国したボランティアは国内活動者とともに、日本に定住したインドシナ難民への日本語教育や、生活相談に動いた。

❖政府と市民団体の壁：以前は、官民関係は、政府が「民間を使う」、無関係で進む、あるいは対立的になるという、主に3種類の関係があった。しかしインドシナ難民問題は、日本国内・海外での救援実務と、国連機関との調整、定住に伴う外務、法務、厚生、労働、文部など多岐にわたる分野を横断する行動が必要で、従来型のお役所仕事では対応不可能な課題を提起してい

た。民間団体の連携とともに、政府・各省庁と民間団体が情報・意見交換を行なう「インドシナ難民救援連絡会」が作られ、外務省内には、NGOとの連携も意識した「インドシナ難民支援室」が設立された。インドシナ難民救援、これに伴う難民の国内受入れ(1万人以上)に関する法制整備では、難民条約への調印も含め、長年中途半端なままであった在日韓国・朝鮮人の地位の明確化など、大きなインパクトがあった。日本の国際化という意味で、「第3の開国」(❶黒船　❷敗戦—占領)と位置づけられるだろう。

❖日本と諸外国の壁：従来の「国際化」というのは、姉妹都市を増やし「英語を学びましょう」というきれいで浅いレベルのものであった。難民救援では、そもそもキャンプ内に入るには政府と交渉し、活動内容ではUNHCRや世界の団体と話し合い、その多言語多文化世界の中での調整なしには一歩も進めない。場合によっては、限られた空間、資源、活動の奪い合いになることもある。交渉があり口論があり、また事務所内の管理が不十分であれば機器や薬剤が消えていくこともある。数キロ先の戦闘地域からは怪我人が運ばれてくる。緊急状況の中で英語やタイ語能力も問われるが、何より内容と伝える意思・行動力・人柄が問われる。指示を待っていては仕事にならないし、中途半端に「イエス」を言えば混乱する。必死に聞き取って認められないことには「ノー」を連発する強さも必要だ。

設立間もないJVCは、日本人ビジネス社会から、「ヒッピーの集まり」「アウトサイダー」と呼ばれた。これは面白いポイントで、政府・大企業主導で多くを進めてきた日本社会では、強大化した既成社会の内側から大きな変革がもたらされる可能性は低い。JVCが海外で自発的な人の集まりとして生まれ「アウトサイダー」として出発できたことで、自由な動きが保証された。政府外郭団体、企業の傘下で設立されていたら、政府からの独立、営利からの独立、活動者が自ら進路を決めていく文化を確立するのは難しかったであろう。

「難民救援を行なうことが新たな難民を引き寄せているのではないか」という疑問から、「難民が来ない、あるいは難民が故郷に戻れる」状態を実現

し難民問題に終止符を打ちたいと考えた。今は誰でも入れるカンボジアであるが、当時は多くの国々と国交がない「敵国」であった。カンボジア国内での活動開始は、外務省から「日本の政策(カンボジアとの交流関係を持たない)から外れ、またカンボジアに日本大使館がない以上みなさんを守れない」という理由で反対されたが、独立した市民団体としての独自判断として、極度に困窮するカンボジア国内での人道・復興支援を英国OXFAM(オックスファム)などと協力し、パイオニアとして始めた。

3 「冷戦構造」下70年代～80年代の国際協力NGOの位置

　超大国が激突してしまえば、第3次世界大戦＝核戦争という危機にいたる。それゆえ「キューバ危機」(1962年。キューバにおけるソ連ミサイル設置問題で、米ソ直接対決の直前まで行った)などを除けば、代理戦争という形で世界の各地域に「熱戦」と流血部分は押し付けられた。インドシナ、アフガニスタン(アジア)、ソマリア、エチオピア(アフリカ)、ニカラグア、チリ(中南米)などは、その悲惨な具体例であった。各地における国内対立の要因があったにせよ、超大国の対立が、破壊と憎悪の悪循環を増幅した(局地戦争では、米ソによる多数派工作という側面以外に、これら大国が「死の商人」として武器輸出で儲けたという事実は指摘しておきたい)。

　国際協力NGOは、それぞれ異なる背景を持ち、理念としては宗教系から市民系、また右からリベラル、左まで幅広いが、活動のくくり(部門)としては、以下の4つを主としていることが多い。

A. 紛争地域や自然災害地域での人道支援活動(＝緊急救援、難民救援など)。
B. 地域社会・人々が自ら問題解決力を高める、地域開発協力活動。
C. 活動から得た知見を基礎とした、調査・研究・分析・政策提言活動。
D. 自国の人々に、平和・人権・環境・開発課題での、世界の現実や構造を理解してもらうための、開発教育／地球市民学習活動。
　　(各部門は、相互に連関している)

　英国のOXFAM、米国のCARE(ケア)は、第2次世界大戦中の緊急救援およびその後の復興援助から生まれてきた。フランスのMSF(国境なき医師

NGO の 4 つの世代とその戦略

	第1世代 救援・福祉	第2世代 地域共同体の開発	第3世代 持続可能なシステムの開発	第4世代 民衆の運動
問題意識	モノ不足	地域社会の後進性	制度・政策上の制約	民衆を動かす力を持ったビジョンの不足
持続期間	その場かぎり	プロジェクトの期間	10〜20年	無限
対象範囲	個人ないし家庭	近隣ないし村落	地域ないし1国	1国ないし地球規模
主体 (担い手)	NGO	NGOと地域共同体	関係するすべての公的・民間組織	民衆と諸組織のさまざまなネットワーク
NGOの役割	自ら実施	地域共同体の動員	開発主体の活性化(触発)	活動家・教育者
管理・運営の方向性	供給体制の管理・運営	プロジェクトの管理・運営	戦略的な管理・運営	自己管理・運営的ネットワークの連携と活性化
開発教育のテーマ	飢える子どもたち	地域共同体の自助努力	制約的な制度・政策	宇宙船地球号

デビッド・コーテン．1995．『NGO とボランティアの21世紀』(渡辺龍也訳) 学陽書房．

団)は、72年のナイジェリア内戦での緊急医療救援から生まれた。

　冷戦下、紛争地域での人道支援の役割は大きかった。両陣営の狭間で活動するNGOの「中立性と安全」も一応担保された(今日紛争構造が変わり、NGOの安全は危うい。「9.11」事件以降、米国が単独行動主義的に軍事攻撃を行ない、軍事行動と「人道支援」を混在させるため、NGOや国連人道専門機関の立場も懐疑的に見られ、かつての「中立性—安全確保」という条件は失われた。最悪の事例が、2003年8月バグダッド国連ビル爆破事件、2005年5月アフガンでのMSF襲撃事件である)

　地域開発協力では、米ソ両陣営ともに援助競争を行なっていたので、NGOによる協力が直接的に政治的に見えるという危険は少なかった。地域開発は、❶BHN(人間の基礎的必要)に応える、❷自立を目指す、❸参加型開発、地域住民自らのエンパワー(力づけ)という段階で、テーマおよび方法が

進化してきた。NGOの中には、米国流の「大量生産主義」にも、ソ連流の「生産力拡大主義」にもなじまず、小農・貧農が生き延びていくことへの協力、自給自足・相互扶助などを軸に、村単位の地域社会が強くなることへの協力を志すことで、極端な貧困、貧富の差をなくそうとする動きもあった。❹さらに公正な社会への変革を目指し、社会運動への参加を志す方向に進んだNGOもある(参考　コーテンの表「NGOの4つの世代とその戦略」は、多くは人道支援・緊急救援から始まるNGO発展の1つの型を示している)。

2．冷戦構造の崩壊以降、とりわけ「9.11」事件以降のNGO

　冷戦時代までは、両超大国を含め、「南北問題」(貧困、貧富の差解決の課題)解決を目指そうという声は、国連その他の場で広く存在していた。しかし、90年代初めから超大国が米国1国になり、巨大多国籍企業の影響力が強くなる中で、「"有能な者・企業"が勝ち、豊かになるのは当然」、「貧富の差があり拡大するのも当然」というあからさまな格差肯定論が「新自由主義経済論」として現れた。金融、経済の分野で、巨大多国籍企業を頂点として、世界のピラミッド型統合化を図ろうというのが「グローバリゼーション」であるが、その頂点に立つのは数％の人々でしかない。世界全体での、また日本を含め各国における二極分化の流れは激しくなり、極端な貧困者と極端な貧富の差を生み出している(日本では、2005年「9.11」総選挙は、「郵政民営化法案」を軸に争われ、小泉政権与党の「圧勝」となった。その結果、今後日本でも「公的事業の民営化」や「社会保障削減」方針のもと、米国型「弱肉強食」社会の方向が進められる可能性は高い。「圧勝」とは言っても、票数をそのまま議席に反映させた場合には、与党(自民党、公明党)の議席は全体の半数ほどに留まる。メディアは「民意の反映」を強調したが、小選挙区制度は実に「死票」の多い、民意の反映され難い仕組みであることも実感された)。

　「9.11」事件は2001年9月11日、ワシントンの国防総省への攻撃とほぼ同時に、ニューヨーク世界貿易センター双子ビルへハイジャックされた民間航

漁網の支援に笑顔が戻る（タイ南部、津波被災地にて。2005年）

空機が激突し、最終的に約3000人が殺されるという衝撃的な事件であった。事前にFBI、CIAなど米国情報機関は、その可能性をつかんでいたとも言われる。「アル・カイーダ」（いまだに実態のわからないグループ）という組織が米国への攻撃として行なったと言われるが、これはソ連のアフガニスタン侵攻への反撃のために米国、サウジアラビア、パキスタンが軍事・経済支援をして育成したイスラム「聖戦」グループの1つである。米国は同年10月、「反テロ」政策の下、「アル・カイーダ」を受け入れていたアフガニスタンに軍事攻撃をしかけ、空軍など現代的軍隊をもたない同政権を転覆させた。

　さらに2003年3月20日、アル・カイーダと直接関係のない、イラクのサダム・フセイン政権に対しては、多くの国々、人々の反対や疑問を顧慮せず、「大量破壊兵器所有」を問題として軍事攻撃を開始し、同政権（80年代の対イラン戦争の間、米国はこの政権に大規模な軍事・経済援助を与えていた）を倒した。その後、イラクでの占領政策は成功せず、治安の悪化が進み、イラク人政権への移行も難航する中、また「大量破壊兵器」がいっさい発見できなかったこと

もあり、米国国内でもイラク戦争への批判が高まっている(2005年8月末のハリケーン「カタリーナ」の襲来は、米国南部州に大きな被害を与えた。自然災害ではあるが、❶「イラク戦争」費用のために連邦政府がニュー・オーリンズ市の堤防強化への対策費用を認めなかった。❷緊急・復興救援、治安維持にあたる州兵が南部から6000人以上イラクに送られており、国内の防災体制が疎かになっていた。❸防災目的で設立されたFEMA(連邦緊急管理庁)が、「反テロ」の国家安全保障省の下に置かれて機能しなかった。その他、米政府の地球温暖化問題軽視も基本姿勢として批判されている。防災に「イラク戦争」や「反テロ」政策の是非ともからめた形での現ブッシュ米政権への不支持率は、2005年10月、60%近くになっている)。

　「9.11」事件は確かに衝撃的な事件であったが、犯罪として考えれば、たとえばパンナム航空機爆破事件などのように、国際的な刑事警察の連携で解決を図る、あるいは「国際刑事法廷」のような仕組みを活用するなど、戦争ではない対応がありえたはずである。また大きな政治力を持つ米国が、国連や多くの国々の協力を得れば、アフガニスタン「アル・カイーダ」事件でも、イラク「大量破壊兵器」問題でも、戦争ではない方法で解決が得られた可能性は強い。

　現在の世界の基調は、金融・経済の世界統合化(「グローバリゼーション」)であり、これと並行する超大国の戦争政策である。しかもこの2つの傾向は密接に繋がっている可能性がある。本来、冷戦が終わり縮小して不思議はない軍隊や軍需産業にとって、戦争は「作っても」必要なものである。これら戦争産業に投資する金融資本にとっても、大きく儲ける機会である。ブッシュ政権の幹部や家族には、これら企業の関係者が多い。儲ける立場の人々が、アフガニスタンの農民や子ども、イラクの女性や老人の生活や命の重みを考慮したとは思えない。自国の青年(イラクへ送られる兵士は、多くは貧困層の人々であり、中には米国籍をとっていない在住外国人もいる)の命すら著しく軽視されている。

　人道支援や地域開発に取り組むNGOは、思いだけでなく、専門性・能力を高めるべきであろう。そのための機会も質量ともに増えてきている。しかし上記のような世界経済の統合化と戦争政策が基調となる状況の中で、人道

機関やNGOが「おしごと」としての「援助」のみに嵌まり込んでいては、その価値は薄らぐ。たとえば日本では、政府系機関は、2003年3月より前のイラク状況（査察の継続や外交努力で、イラク問題は解決の可能性があった時点）に関して、戦争に傾く米国を止める方向での発言・行動はせず、「平和構築」や「難民救援」、「戦争後の復興、平和の定着」、「人間の安全保障」などの専門用語を並べて、戦争自体の是非を問わず、「戦後援助」の準備をしていたように見えた。言うまでもなく、戦争で壊される病院や道路を直すより、怪我した人を治療するより、死傷者を生み出さない、破壊をしない、つまり戦争を起こさせない努力が無限に優る。何より、失われた命は帰らない。家族の悲しみと生活上の困難は筆舌に尽くしがたい。NGOも、紛争地域で活動する職員（通常、その国から見て外国人職員と現地職員がいる）の安全に配慮しつつも、やはりそのポイントで動けなければ、有能な下請け機関に終わってしまう危険性は高い。

　今日、問題が世界構造的になっていればこそ、NGOの活動も、構造的な理解をもって進めねばならない。

❶戦争、内戦は、紛争地域自体にも原因があるが、上記の、戦争で儲けたい構造と巨大な組織・企業がある以上、外的にも持ち込まれる。その構造を明らかにしながら、止める視点がないと、「死の商人」ならぬ、戦争で稼ぐ「死のNGO」になってしまう危険すらある。

❷微妙であるが、紛争地域や独裁的政権下の地域での人間的必要に対して実働できれば、その活動自体で役に立てるほか、現地の人々の声を伝えつつ、外部の励ましの声を内側に伝えられる。現場からの停戦提案や和平案を提案できる可能性もある。また自然災害ですら、たとえば地震の部分は止めようがないが、被害が平等でない点は人災と言える。災害は、貧困者など弱い立場の人々にずっしり重く作用する。これは、2004年インド洋津波の被災でも、2005年米国南部ハリケーン被災でも、同10月パキスタン大地震でも明らかであった。大きな災害は、少数者社会への差別、在住外国人労働者問題、居住権・入会権に表れる土地問題など、隠れていた政治・社会問題を必ず表面化させる。これら災害およびこれに伴う社会課題に取組むことは、火山列島／

地震大国でもある日本のNGOが持つ役割の1つであろう。

❸今日、国際協力と国際交流(連携)の垣根は低くなっている。上記の「グローバリゼーション」の結果、食の安全、生活・農業の安心、苦しい時に助け合う基盤の問題などは、世界の多くの地域で共通の課題となっている。アジア農民センター(AFEC)の協力を受けて、JVCタイが続けてきた「朝市」など「地場の市場」活動は、日本、フィリピンなどの生産者・消費者とも連携した、もう1つの地域経済・社会を作る運動と連なる。

❹以上のような現場の知見をもとに、的確なテーマと方法で、調査・研究・分析・政策提言を行ない、社会への発信を行なうこと。日本のODA改革に影響を与えること。次世代のNGOを目指して、これらを具体的なステップとし、この困難な時期に向かっていくべきであろう。

第2章　共生社会の水先人たち
――試される現場に根ざした「非政府」の提言力――

大和　修

　灼熱の日射しのもとで赤い土煙を浴びて汗にまみれながら歩き回ったころがしきりに思い起こされる。1980年代初めのタイ・カンボジア国境。うなり声をあげて砲弾が飛び交い、間近で炸裂して飛び散る破片を避け必死に身を伏せたこともあった。国境沿いに点々と並んだキャンプでは、ぎっしり並んだ掘っ立て小屋に数十万の暗い目をしたカンボジア難民たちが身を寄せ合って暮らしていた。

　米国・ソ連(当時)・中国の思惑が入り組んだ代理戦争の色彩を帯びた激しい内戦、強権恐怖政治による自国民大虐殺。あるべき統治から長年取り残され、見放され、身も心も疲れ切った無辜の人たちのため何ができるか。彼らが安心して故国へ戻るにはどんな手だてがあるか。当時のJVCの現場のスタッフとよく語り合ったものだ。早いものである。もう4半世紀になるのだ。

1．強者の論理だけでよいのか

　「ぼくはしょっちゅう言うんです。なにかが流れ出した時に、おいちょっと待てよという空気が生まれない。一瀉千里に流れてしまう。異議申し立てをすると、変わり者だとか、けしからんとなる。これはおかしいと思っても、反対だと言わない。今の日本の空気の中にそれがある。非常に心配な傾向に

ポル・ポト政権崩壊後のカンボジアから逃れてきた難民たち(1980年5月、タイ・カンボジア国境で)

なってきたと思っている。日本の国民性の一番の欠点は付和雷同だ」

　日本政界の「ご意見番」と言われた元副総理の後藤田元晴氏の言葉である。私は昨年新聞社を退職した後、「市民の、市民による、市民のためのメディア」を掲げる「日本インターネット新聞」（JANJAN）に時折原稿を書いている。その企画で2005年の夏、親しいジャーナリストとともにインタビューした時のものだ。

　「21世紀に入って世界は大きく変わりつつあるんですよ。しかもスピードが非常に速いんですが、残念ながら日本は立ち後れてしまっている。世界の先行きをどう見るか。地球全体を管理するようなものができる世界になるのか。地域ごとにまとまりのある世界になるのか。その中で日本という国をどのように作っていくか。国の形の基本が定まっていない。だからいろんな混乱が起きている」

　「構造改革がないと日本の再生はないというのはわかるが、今やっているのは競争原理をいっそう強化するネオリベラリズム（新自由主義）の政策だ。

競争についていけない落ちこぼれの人をどう手当てするか。強者の論理だけでいいのか。格差が広がる社会への不満はうっかりすると爆発する危険性がある。弱者を切り捨てるような社会ではあってほしくない」

「強大な軍事力や経済力を持っている国がしからざる国を思い通りについて来させようとし、自分の国の価値観を認めない国は排除するといった行き方は行き過ぎではないのか。豊かでない国、弱小国には助けの手を伸ばす秩序を作ることが必要だ。それぞれが歴史なり文化なり伝統なりを持っている。互いに生き方を認め合い助け合っていく国際秩序を作ることが一番大事ではないか」

戦後60年、私たちは今何を考え、心すべきか。解散・総選挙が決まった直後の緊迫した時期に、同氏は笑みを絶やさず語ってくれたが、その言葉は日本と世界の状況に対する厳しい危機意識に貫かれていた。

「戦をすれば勝者も敗者もない。廃墟だけが残る。核兵器や生物兵器など大量破壊兵器を駆使するような争いは絶対やめなくてはいけない。話し合い、相互の共通点を発見して妥協する以外には解決の方法はないのではないか」

「戦後、アメリカとの安保条約関係の中での日本の発展の選択はそれなりに良かったと思うが、アメリカの敵国は即日本の敵国だというようなことが日本の国益から見ていいのか。戦勝国の軍隊をそのまま日本の領土の中に60年も駐留させることがどれだけ国民の経済的、精神的負担になるか。それを考えると条約の適用範囲と事態を無制限に拡大するようなことは改めてもらいたい。時間はかかるが軍事同盟の性格を政治的な友好同盟の方向に持っていくことがこれからの１つの行き方でないか」

「このままでは日本は植民地根性の国になってしまう。地政学的に大事な近隣との友好関係をもっと考えないと先行きに大きな欠陥を生むことになる。今の外交はまるで行き当たりばったりではないか」

戦前戦後の日本を中枢部門を含めて見続けてきた人生の大先輩が、自らの体験を踏まえて語った言葉には味わい深い重みがある。私たちが生きている今の内外状況と問題点をいみじくも言い表しているのではないだろうか。

（後藤田さんは2005年９月19日に急逝されました。享年91歳。慎んでご冥福をお祈りい

たします＝筆者）

　2005年晩夏の総選挙の審判は自民党の歴史的な圧勝、政権をうかがう構えすら見せた民主党の惨敗、他野党の停滞という「2005年体制」を生み出した。そこで聞こえてきたのは、下からの状況変革を目指すNGO（非政府組織）、NPO（非営利組織）、CSO（市民社会組織）といった市民社会のアクターたちにとって新たな試練と挑戦の始まりを告げるゴングの響きでもあった。発足から4半世紀を迎えたJVCももちろんその戦列のただなかにいるのである。

2．熱を帯びる政策提言づくり

　「NGOと軍とはそもそも基本的な目的が違うんだよ。軍は政治・軍事的なのに対しNGOは現場の人々を中心とした人道支援を目指しているんだ。こんなに違う目的を持つ者同士がどういう協力ならできるのか。現場に即して十分吟味しなければ」
　「治安のないところに丸腰の民間人が人道支援だと出かけても仕事にならない。軍の持つ組織力や武器使用の優位性をどう評価するんだ。リアリティーのある議論をしないといけない。軍が人道支援を行なうと実際にどういう問題が出てくるのか。NGOは口を開けば金科玉条のように中立性を言うが、現場はそんな他人事ではすまないんだ」
　2005年8月のある日、東京・台東区内のビルの中にあるJVC事務所での勉強会をのぞくと、「人道支援をめぐる軍と民の関係（CIMIC＝Civil Military Cooperation）」というテーマで調査研究・政策提言チームを中心に英国人女性を含むアフガン・イラク担当スタッフらがスライドを使いながら日英両語で議論を戦わせていた。
　メンバーの1人はアフガンから戻ってきたばかり。英国人女性はこれからアフガンでのNGO会議に出かける前だ。ヨルダンから一時帰国中のイラク担当者も参加している。
　JVCが事務所を構える東京・台東区内の小さなビルの中には、活動的な

NGOの事務所がいくつも入っている。「SHARE(シェア＝国際保健協力市民の会)」「地雷廃絶日本キャンペーン」「国際子ども権利センター」「自然エネルギー推進市民フォーラム」「メコン・ウォッチ」「KOREAこどもキャンペーン」「アフリカ日本協議会」、英国の大型国際NGOの流れをくむ「OXFAM(オックスファム)・ジャパン」など10いくつも。JVCと何らかの縁のある団体が多い。1992年にJVCが東京・湯島からここへ移ってきた時、このビル内のNGOはJVCだけだった。

　JVC事務所の常駐スタッフは20人、インターンが7人ほどだが、多数のボランティアたちがひっきりなしに出入りしている。アジア・中東・アフリカ各地に点在する約40人の海外スタッフ(半分は現地人スタッフ)と連絡をとり、日々事業を繰り広げる。日本の国際ボランティアの文字通りセンターの1つと言ってよい。

　議論は続く。東京のスタッフが最近の政府内のこの問題についての動き、政党や経済界、シンクタンク、言論界の改憲の議論などを整理した資料を配って話を広げる。

　「日本の自衛隊は武器使用に制限があるなど特殊な軍隊だよ。いっしょくたに議論はできないね。アフガンのPRT(Provincial Reconstruction Teams＝駐留軍による人道支援活動)に自衛隊が参加するという話も出ているようだ。何がよくて何がだめなのか。こちらも答をしっかり持っておかないと対抗していけない」

　「イラクの現場ではいま何が一番必要で求められているのか。そのコーディネーション(調整)や文民コントロールがないままに出ているのは大きな問題だ。現場でどういうことが起きているのか、我々の想像力が十分働かない点も気をつけないとね」

　「軍は国際平和にどう役立つのか。どういう時に武力行使を認めるか。国連改革や日本の改憲の議論とも関係してくる問題だ。海外では英国やカナダをはじめNGOレベルを含め幅広く熱心にこの議論をしているよ。我々も内外の動きをいろいろ調べて話を深めることにしよう」

　国際NGOが取り組む人道支援活動の分野に軍が正面から介入している。

本来政治・軍事活動を行なっている軍が「人道」という言葉を使い出し、「治安第一」を掲げて援助のあり方に関わり、管理しようともしている。事は人道NGOの活動の根幹に影響するだけでなく、国連改革や日本の自衛隊の出動のあり方、武器使用のあり方、ひいては憲法論議にも関わってくる。JVCはそう考えて議論を重ねているのである。

　まとめ役の高橋清貴氏はJVCの調査研究・提言チームキャップとして多忙である。

　このころの動きを例にとれば、7月に英国エジンバラで開かれたG8サミットの際に現地に入り、日本政府が発表したアフリカ開発支援について「重要なのは言葉ではなく具体的なアクションで示すことだ」と記者発表。その数日前には、JVCも参加した「NGO有志」の名で、外務省に対して、国連改革に関する共同提言を提出。英国から帰国後は、タイのバンコクで開いた国際NGO間の貧困削減の国際キャンペーン（ホワイトバンド）の戦略会議に出席し、8月末には外務省とNGO有志の国連改革に関する公開フォーラムにも参加という具合に。

　日本の大学を出た後、青年海外協力隊でフィリピンに行き、コンサルティング会社の現場でも働くうち日本のODAのあり方に大きな疑問を抱く。日本の援助が有効に使われていないことに加担した「贖罪意識」がNGO活動にかりたてたという。英国の大学院の博士課程で海外援助、文化人類学などを学び、帰国後JVCに参加した。現在は大学で教鞭もとるかたわら、JVCの提言活動の責任者になっている。提言に力を入れる理由をこう語る。

　「9.11とイラク戦争は国際NGOの活動にとっても大きな分岐点になった。冷戦時代から90年代初めあたりまでは、国際NGOは政治的には中立だというだけで通ってきた。冷戦が崩れたことによって、その役割や目的、存在意義を自ら明らかにすることが必要になってきたが、9.11後は、軍が民心対策を含めて人道支援に乗り出してきたように、いろいろな面でセクター間の境界がさらにあいまいになってきた。開発のニーズに民間資金が入り、軍隊も民営化して警備会社に業務を委ねている。そんな中でNGOは何なのか。軍や企業とどこが違うのか。説明責任も求められる。政府へのある種の異議申

し立ても大事になっている。何も言わないではすまない時代になっている」

3．人道支援に「構造」の壁

　私が初めてJVCの活動を身近に知ったのは1981年4月にタイ・カンボジア国境の町、アランヤプラテートで起きた不幸な事件のニュースがきっかけであった。JVC(当時はまだ「日本奉仕センター」と称していた)のスタッフで福岡県下の陶芸家の西崎憲治さん(当時30歳)がタイ人と見られる群盗に襲われ、ピストルで撃たれて死亡した。当時の私は外務省担当記者をしており、夕刊段階だったか、現地から飛び込んできたニュースを受けてあれこれ反応をとって原稿にしたことを記憶している。

　朝日新聞の当時のバンコク特派員だった横堀克己氏はJVCが事件直後にまとめた追悼文集の中でこの時の経緯を以下のように記している。

　「79年10月、大量のカンボジア難民がタイに流入した時、欧米諸国の多数のボランティアが駆けつけ飢えと病で瀕死の難民たちを救援した。だが、その中に日本のボランティアの姿を見ることはできなかった。『日本は金は出すが人は出さない』という国際的批判が巻き起こった。しかし、それを跳ね返すように日本から若いボランティアが続々とかけつけてきた。そして80年2月、バンコクに在タイ主婦と日本から来たボランティアが中心となってJVCが結成された。日本のボランティアの力が1つになった。海外に於いて日本人のボランティア活動がこれほど大規模に、しかも継続的に行われるようになったのは、これが初めてのことである」

　また、手元に残っている当時の毎日新聞の社説は次のように指摘した。

　「日本人にとって他国の人びとを助けるために何の報酬も期待せずに、しかも自分自身の意思で出かけていくボランティア活動は、カンボジアが最初の本格的な体験だった。それまでは長い鎖国の後遺症と島国の地理的条件によって、国境を超えた同じ人間同士という連帯感がはぐくまれなかった…カンボジア救援もはじめはボランティアの出足が他国より遅れて批判を受けた

が、いったん輪が広がり始めると、日本の若者たちは次々に現地へかけつけた。西崎さんがリーダーの1人だったバンコクの日本奉仕センター(JVC)は、殺到する日本人ボランティアの善意を交通整理し、救援に生かすためにできた組織だった。日本の開眼ともいうべきこの流れを、ストップさせてはならないだろう」

　紛争に苦しめられる人々の現場に向けて何とかしたい、何かをしたいという思いにかられて人々が集い、立ち上がった。その自然発生的な渦の中からJVCは産声をあげた。ボランティア活動、緊急人道支援の本源的な力が出発点から込められていたのだ。

　紛争中・後の人道支援・農村開発の面でJVCの最初の本格的な舞台となったのはカンボジアである。

　私がこの国に行きだした1980年代前半、そこではある時期まで日本人はただひとりJVCの簑田健一氏が外国NGOにまじって汗だくになりながら黙々と井戸掘りを続けていた。命の水から始めようという必死の救援活動であった。ポル・ポト政権の大量虐殺、都市破壊によって物心ともに荒廃しきっていたプノンペンのかろうじて形をとどめていたホテルなどをベースに、欧米の民間救援組織が多数の常駐スタッフを置いて奔走していた。

　冷戦時代のさなか、「日米同盟」を打ち出した日本政府はむろん近隣のASEAN(東南アジア諸国連合)諸国、それに多くの国際機関もソ連(当時)、ベトナムに支えられたプノンペン政府に距離を置き対立していた時代である。JVCは日本の民間、というより日本そのものの支援の先駆けに位置していたと言えるかもしれない。冷戦後の変化を背景に国連の紛争調停、平和構築の動きに日本の調停外交も加わり、国連事務次長だった明石康氏が事務総長特別代表としてプノンペンに入り、国連管理のもとで総選挙を実施、カンボジア再生へとこぎつけたことは周知の通りである。

　だが、その後のカンボジア国内はどうなっただろうか。

　カンボジア野党の党首のサム・レンシー氏は2005年初めフン・セン政権下の国会から刑事訴追の免責特権を剥奪されたため国外へ脱出した後、各国行脚の途中の同年6月に来日した際、民主党の藤田幸久衆院議員(当時)ととも

に会った旧知の私にカンボジアの現状を次のように訴えている。

「カンボジアは世界で唯一、人間開発の3つの指標(貧困ライン以下の人口、乳幼児死亡率、成人識字率)が同時に悪化している国だ。この10年、多くのカンボジア国民は一段と貧しくなった。国民の45％は1日1ドル以下の貧困ライン以下で暮らしている。5歳未満の子どもの死亡率も依然高い。栄養不足と、本来なら十分防げる病気のせいだ。成人の3分の2は今なお文字を読み書きできない」

「カンボジアに対する国際的援助が国民の健康、教育、貧困削減につながらないのは腐敗、汚職が構造的に進んでいるからだ。支援は与えることではなく、カンボジアが自立できるよう自助努力を進める態勢づくりの手助けをすることにあるはずだ。そのためにはカンボジアに透明で民主的な統合のメカニズムをつくることが不可欠だ」

反政府の野党党首という立場からの発言であることを割り引くとしても、カンボジアにおいて貧富の差の拡大や環境破壊などが反民主的状況とともに進行していることは、多くのカンボジアウォッチャーが危惧していることである。

JVCのカンボジアチームを東京でまとめる鈴木まりさんは、国連管理下のカンボジア総選挙を国連ボランティアとして支援した後、フィリピンの大学で4年間学び、JVCに加わって現場活動に参加してきた。以下は直面する課題についての彼女の話である。

「森も水産資源も土地も農漁民からどんどん取り上げられています。持てる者に富が傾く構造的な問題があるのです。土地を失う農民のことをカンボジアのNGOと共同で調査し、カンボジア政府に伝えています。日本のODAのあり方や使われ方についても日本のNGO連合体を通じて提言しています。たとえば天水に頼る農家にも利益になるプロジェクトとなるようにODAのモニタリング機関を作るべきだというように。かつてのカンボジアは国全体が貧しかった。今は相対的な貧困格差が広がっていることは確かです。カンボジアの大半を占める小規模農家への支援、開発のニーズの必要性は変わりませんが、今や隅々までさまざまなNGOが活動している中でどう

可能性を広げていくか。行政の農村開発も行なわれていない旧ポル・ポト派の居住地域などで地元のニーズを聞き取り調査を始めているところです」

　JVCの特質は支援現場の情熱と経験が政策提言と連動して互いに生かし合おうとしていることである。人として生まれたのになぜ苦しまなくてはならないのか。困っている人、弱っている人を現場から助けたい、役に立ちたい。出発点のそういう思いを組織として維持していることは大事な武器である。だが、問題を突き詰めていくと、援助する側とされる側の統治の構造の問題にぶつかっていく。

　人道支援、農村開発支援を進めるにあたっても、相手国の統治のあり方や援助する側の舞台裏や手法などの構造上の問題をNGOとしても避けて通れなくなっているのだ。政策議論が熱を帯びるわけである。

4．現場を持つ強みが議論を支える

　JVCが強みを発揮しているなと感じる機会があった。2005年8月30日、総選挙の公示日とも重なってメディアにはほとんど注目されなかったが「国連改革に関するパブリックフォーラム」という初めての会議が都内で開かれた。主催は「国連改革を考えるNGO連絡会」と外務省。国際NGOの横断組織である国際NGOセンター（JANIC）も開催に協力した。9月中旬にニューヨークで開いた国連のミレニアム宣言に関する首脳会合に向けて、国連改革を推進するNGO、国際機関、外務省の実務レベルの関係者が一堂に会して意見を交わした初の対話の場であった。

　「戦後日本は国際社会の中で多くの支援を得て発展をしてきた。国際社会あるいは国連のもっとも恩恵を得てきた国と言ってよい。過去の恩義を忘れないでいくことが大事だ。日本の食料の自給率はわずか40％、人間ばかりか家畜さえも輸入に依存している。安全保障のためにも国際社会、特に近隣諸国と友好関係を結ばないと生きていけない。そのためにも外務省とのパートナーとしてのNGO、国連機関などと協力しあって活動に携わっていくこと

が非常に大事だ。国連の議論にも、NGOの意見を念頭に置いてのぞんでいきたい」

会議をこう意義づけたのは外務省の五月女光弘NGO担当大使である。

国連改革を推進する日本のビジョンをめぐり、「開発」「平和」「人権」の各テーマで幅広く意見交換が行なわれた。「開発」分科会でJVCの熊岡路矢代表が発言した。

「カンボジア、ベトナムで約8年間、職業訓練を通じた協力活動を国連専門機関ともいっしょにやってきたが、支援は中間層の下あたりまでは届くが本格的な貧困層のところまで届くのは本当にむずかしい。ここをどうアプローチするか突き詰めて考えないと、支援は言葉だけに終わってしまう。和平以降のカンボジアの貧困層への支援を見ると、拙速な市場経済の導入、過剰な援助の洪水が貧富の差を広げてきた。80年代のカンボジアでは、貧しさがシェアされていたが、和平後の援助は身を売るような貧しさを生んでいる。ここをきちんと検証しないと次はアフリカと言っても話は前に進みにくい。援助に伴うコラプション（汚職）とガバナンス（統治）の問題も明確にする必要がある」

ベトナムとカンボジアのJVCの現場やJICA（国際協力機構）カンボジア事務所で活動してきた西愛子さんも、手を挙げてこんな注文をつけた。

「経済成長なくして貧困削減がありえないというが、いくら経済成長と言ってもグッドガバナンスがない限りは貧困削減はないのだからこちらを先に考えてほしい。現場から見ているとグッドガバナンスがあればなんとか自力でやっていけるのだ。日本としてこういう面に力を集中してほしい」

「国連改革を考えるNGO連絡会」の幹事役として外務省の担当者と連携してフォーラム開催へ動いた高橋氏は次のような提起を行なった。

「国際社会で起きているさまざまな脅威について私たちは人ごとではなく自分たちの社会ともつながっていると共有する責任がある。貧困削減の問題もその1つだ。日本の場合はODAが主要な手段の1つだ。この50年余りODAがどう貢献してきたのか検証を十分にやって、貧困削減に結びつくように質を変えることが必要だ。お金の流れを透明化する情報公開と説明責任

の問題も残っている」

「人間の安全保障という場合も目線をどこに置くかが問題だ。裨益(ひえき)(助けとなること)を受けない、むしろ苦しみを受ける草の根の人びとの視点から援助を見る必要がある。土地を持たない農民の問題、農地改革などの分野で彼らの権利をどう確保しながら農業開発を進めていくのか。単に農業支援をすればいいということではすまない」

「私たちが現地で活動しているアフガニスタンの治安と復興開発の問題がある。軍が人道復興を行なおうというPRTを作って軍事活動と援助を関連づけようとしている。そこにはこれまでのように軍事一辺倒ではテロは解決できないという転換があるのかもしれない。こういう境界上の問題は負のサイクルに進まないような(事態を悪化させないような現実的な)感度を持って臨むことが大事だと思う」

NGOパネルディスカッションの司会を務めた星野俊也・大阪大学大学院公共政策研究科教授が会議全体を集約した。主な点を記しておきたい。

❶外務省・NGOの参加者の間でこういうフォーラムをまず持てたことが有益だった。政治の現場を知っている人たちとフィールドで地元の人たちの顔を知っている人たちの両者が集まる貴重な機会だった。開発、平和、人権の３つのテーマを並行的に見るのでなく、三角形で見た場合、負のスパイラルを正のスパイラルにどうもっていくか今が分かれ目にある。三角形の中核には人間の視点、地球環境で言う生命の問題を入れてもいい。それぞれの相互で関係を見る時代になってきた。

❷全体を通じて次のような視点が出てきたと思う。

　A. 構造的視点がきわめて重要だという指摘だ。社会構造そのものに問題があるということだ。援助も上からだけでなく下からのアプローチも必要だ。グローバルだけでない地域の見方も必要だ。地域、地元、コミュニティの人たちの内発性、主体性、持続性、オーナーシップが重要だという、構造に関わる問題点が多く指摘された。

　B. 包括性の視点だ。非軍事のアプローチの重要性が強調され、軍民の役割

も議論された。
C. 長期的な視点だ。2015年以降の見通しの視点の重要性が指摘された。
D. 人間の安全保障の考え方がNGO、外務省関係者から強調された。人間の安全を促進する部分と「不安全(insecurity)」を除去する両方の側面があって、人間の安全保障だということが全体を通じて強調された。
E. 政府、国連機関、NGO、市民社会のコラボレーション(連携)が重要だということも強調された。市民社会の参加が重要だというポイントも指摘しておきたい。
F. 日本独自の発想、アプローチ、経験、見方を出せないか。これについても考えていかないといけない。付随して、これに関わるためのトレーニングが必要だという議論も出た。人材の養成、新しい発想を出していくことが強調された。発信することの重要さも指摘された。

　多岐にわたった話を端的にこのようにまとめた星野教授は最後に「この会議を今後も開催したいという強い要望があったことをテークノートしておきたい」と付け加え、参加者の拍手の中で会議を締めくくった。

5．独立性支える実利意識を

　日本が目指すべき国のあり方は？　冒頭で紹介した後藤田氏は3つのキーワードをあげた。「第1に平和な国　日本」「第2は自主の国　日本」「第3に共生の国　日本」と。聞きながら私はどこかでも聞いた言葉だと思っていた。そうだ。JVC発足20年を記念して出版された『NGOの時代』(めこん刊)の表紙に「平和・共生・自立」がうたってあった。日本の政官界の中枢を歩み続けてきた先達と、紛争や災害に苦しむ人びとの下からの支援に余念のない国際協力NGOとの間で、めざすべき基本のところや問題意識において少なからぬ共通性が流れていたことは興味深く考えさせるものがある。
　さて、ここまで私はできるだけナマの動きや関係者の話を中心にして紹介

してきた。一般社会にはまだまだなじみが薄いであろうNGOのJVCという組織が、誕生以来4半世紀を経た今、どんな状況の中で何を考え何をやろうとしているのか。市民社会にとって共通の課題を背負う活動体として、できるだけ現実感を込めて伝えたいと考えたからだ。

では、これからのJVCに何を求めるか。国際協力や市民運動の分野で実績を積み上げてきた幾人かの意見も踏まえて、おおづかみに4点ほど提起しておきたい。

第1に、実利意識を磨いて少しでも影響力の大きい市民社会のアクターになってほしいということだ。実利には2つの側面がある。真に支援を必要としている人たちのもとに支援が行き届くようにという意味、そして自らの組織基盤を強めることの大事さを考え、建前だけでない現実的な感覚を持ち合わせて基盤強化の取り組みを実践してもらいたいという意味だ。基盤強化については、核心となる資金確保の問題について従来の発想を超えて経営者的感覚を持って展開を考えることが急務だし、寄付控除など税制上の優遇措置の整備をリードしていくことも必須の課題である。

第2は、さまざまな分野において信頼され橋渡しのできる有力なコーディネーターであってほしい。市民社会に足場を置く強みは、異なった分野間に顔を利かせることができるということだ。官庁、国際機関、労組などの既存組織、さらに文化活動などの広範なセクターにまたがる融和の触媒的な役割を果たしてほしい。そこからJVC自身も新たなエネルギーをくみ取るはずである。

第3は、当面の問題とともに中長期的視点に立って、あるべき方向をねばり強く考え、必要とあれば異議申し立てを行なったり対案を提示する勇気ある発言者であり続けてほしい。そのためにはシンクタンク的機能を充実させ確立していくことが不可欠ではないだろうか。

第4は、ここまで築いてきた内外の人脈や組織のネットワークを大いに活動に生かすとともに、その多様なネットワークがさらに力をつけ広がるようリードしていってほしい。焦眉の北東アジアの平和と安定、東アジアの日々の安全と将来に向けての共同体形成、アフリカを視野に入れた貧困削減、地

球全体をにらんだ非戦、環境保全といった共通課題に市民社会が立ち向かうには、どこかで問題意識や目的意識を共有し合う多様かつ重層的なネットワークを築いていくことが最大の武器となる。JVCはまず、ここまで積み上げてきたさまざまな現存するつながりを十分に生かし切っているだろうか。

小さな所帯であれこれできる道理がないじゃないかと叱られそうだ。もちろんそうではある。しかし、市民社会のさまざまなアクターが乱立している大競争の時代にあって、NGOも個性を磨き、売り物を特化させて打って出なくては埋没してしまうだろう。あえて外部からいろいろ言うのは、この機会にJVCが期待を寄せるさまざまな視点を参考にして、活力を増す独自戦略を構築し、さらに発展していってほしいと強く願うからである。

「JVCは今、存亡の大きな境目にある。日本社会とどうつきあうかというところがまだ弱すぎる。突いたり、返したり、腕を組んだりやっているうちに自分の範囲が広がっていく。2歩退いて1歩前に出るというように柔軟にやってもらいたい。異業種との接触の中でももっと学ばなくてはいけない。自分を守ろうという発想はもう古い。相手に求めるだけでなく、相手に利益のあることがどのようにできるか考えてほしい」

JVCの産みの親とも言うべき星野昌子初代JVC事務局長(現JVC理事、前日本NPOセンター代表理事)の厳しくも愛情のこもった注文である。

多くの人から指摘される実利意識の点に関連して、特に真に支援を必要としている人々のもとに支援が行き届いていない現実に触れておきたい。JVCのスタッフも折に触れ実感している点であり、また私自身も痛切に感じたことが何度もあるからだ。支援という行為の究極の目標に関わるとも思うからである。

2003年1月、私はアフガニスタンを久しぶりの取材で訪れ、カブールやカンダハルなどを3週間ほど歩いたが、「NGO新時代」と現地でも聞かれるほど内外のNGOが集い、試行錯誤を競っていた。日本政府も新生アフガンの行政を支える行政顧問を送り、研修員を受け入れる一方、治安と雇用対策をかねた地雷除去や元兵士の社会復帰事業、さらに国際機関、NGOと連携する地域総合開発計画など多様な支援を展開していた。「平和の定着」「人道

から復興へ継ぎ目のない支援」（緒方貞子アフガン支援政府代表〈当時〉。現 JICA 理事長）と戦略的、多角的な対応に踏み出したのだったが、治安の悪い地方への支援はいっこうに進まず、「公平性が最大の課題だ。人々に平等に恩恵が届くように」といった声明がアフガン政府当局者から出されたりもしていた。各地でテロが絶えず、地方は言うまでもなく、カブール、カンダハルでも郊外へ出ることを禁じられる緊張に包まれた中で、私は多くの国際 NGO や外交、国際機関関係者、アフガンの関係者らと会った。治安の問題をどう考えるか、人道支援と軍との関係をどうとらえるか、政府との関係は、支援はどこが調整するのか、リードするのかなど、どこでも議論は絶えず、9.11 テロ事件を境に国際 NGO の活動も新局面に入っていることを強く実感したものだった。

　取材するうちカンダハル郊外の避難民キャンプの中でぶつかった光景が今でも忘れられない。時期は 1 月、粗末なテントの中では、吹きすさぶ寒風の中で毎朝のように子どもが命を落としていた。なすすべもなくただただ悲しみに暮れる人々。その子どもたちへの看護や手当ては、日本の地方から来た「カレーズの会」という名の草の根 NGO の医師や看護師を含む人たちの必死の取り組みに委ねられていた。「カレーズ」とはアフガンをかつて豊かに潤していた地下水脈を表す言葉だ。「目立つことのない縁の下の立役者」の意味が込められている。「国際機関や国際 NGO の支援からも取り残されたこういう人たちは私たちのようなところが見るよりほかないのです」とスタッフの 1 人が言った。

　アフガニスタンでもそうだったが、NGO の間では政府や企業との距離や独立の度合いによって分極化が進む傾向が指摘されている。外務省、経団連、NGO が相互協力を目的にジャパン・プラットフォームを発足させたのをきっかけに、政府と協力的な NGO と批判的あるいは対立的な NGO という 2 つの潮流や対立の図式がよくとりざたされもする。

　原理原則をめぐる議論を闘わせることは大事であり必要である。だが、同時に必要なのは、支援を必要としながら行き届かない人々のためにはそうした潮流や対立をも超えて手を結びあい、たがいの知恵と工夫を集中させるこ

とではないだろうか。内外で格差の広がるこの時代において取り残されている人々のことを最優先に、小異を捨てて大同につく方策をいかなる立場も超えて必死に考えなくてはならないのではないだろうか。

　小泉自民党が圧倒的な強さで要所に布陣した政治状況のもとで、市民社会が目指す変革を前進させるにはどう動いていったらよいのか。市民運動全国センター代表世話人、環境自治体会議事務局長、市民立法機構事務局長で以前JVCの執行委員(現在の理事にあたる)を務めたこともある須田春海氏は以下のように指摘している。

　「政治だけではうまく行かない時代においては、こちら側は生活者の立場でイニシャティブを作っていく。そこで代議制民主主義と社会的合意形成の2本柱で行こうという考え方が出てきた。市民社会にもいろいろ地殻変動が起き、その意味では追い風を受けている。NGOは合意形成の先導役だ。依拠する層も厚くなっている。ただし、今やNGOでなくても市民1人ひとりがいろいろな団体を通じて推進力になりうる時代だ」

　「NGOは終わったという議論ももうかなり前から出ている。NGOがすべてであるかのようなNGO至上主義やNGOオタク的なことが言われ過ぎた反動もあったが、実際、外国を含めて見ていると会議専門のNGOエリートや学者の集まりのようになったり、援助金や補助金の分配機関に陥る負の側面が強まっていることも否めないのではないか」

　「21世紀に入って市民団体、市民活動を市民社会というようになってきた。ソーシャル・キャピタリズム(社会的人間関係論)という言葉を使う人もいる。ぼくは市民社会はなにも政府や企業と対抗的なものではなく融和的なものだと思っている。ただし、同時に市民社会は自由と自発性が命でもある。長期的な原則の話も含め『独立』していることが組織の命でもある」

　「見逃してはいけないのは市民社会の岩盤が今やしっかりできていることだ。介護保険のヘルパーさんが220万くらいになる。市町村の公務員が140万だ。これだけ多くの人が意欲的に社会参加をしてきた。そこそこのお金を持っている人たちもいっぱいいる。政府と離れた資金が回る可能性も開けている。そういう人たちが共感する提言は必ず力を持ってくる。NGOはその推

進力となりうる」

　私は今もJVCの事務所を時折のぞく。それは、乾いた赤い土煙にまみれあったかつての戦友たちと旧交を温めようという郷愁の思いからだけではない。このままではいけない。何とかしよう。何かをやりたい。25年前、タイ・カンボジア国境にドッと集まった人びとの燃えたぎった思いが、姿や形こそ変えても、時代や世代を超えてここには生きている。新しい息吹が今日もそこに注ぎ込まれている。出口の見えない閉塞状況を切り開く鍵の1つがこうした活動体の成否にもかかっていると考えるからなのである。

第3章　新しいNGOの方向性を求めて

高橋清貴

はじめに

「私たちは誰だ？」「GCAP！」
「私たちが欲しいもの何だ？」「正義！」
「いつ欲しい？」「今！」
　今年、私はこのスローガンを2回叫んだ。1度目は7月、イギリスのグレンイーグルスで行なわれたG8サミットの直後で、もう1度は9月、国連世界サミットの直後である。いずれも貧困根絶を目指すNGOや労働組合を中心としたゆるやかな連合である国際キャンペーン「Global Call to Action against Poverty(略称GCAP)」の国際戦略会議(International Facilitation Group Meeting)において、世界70ヵ国以上から集まった市民や開発NGOの仲間たちといっしょにこのスローガンを叫んで、貧困削減に向けた意思の統一と連帯の意識を確認したのである。この国際的キャンペーンは、2005年という年を、貧困削減という国際協力NGOが長年取り組んできた活動に市民や国際社会のリーダーたちの目を向けさせる節目にしようということで始められたものである。これまで現場で活動をしてきた開発協力型NGOsと、援助や債務の問題で政策提言を行なうアドボカシー型NGOsが協力して、広い多様な層の市民を巻き込んでいる。JVCは1年前から関わってきているが、

海外のNGOと政策問題やキャンペーン戦略を議論し合う場に身を置いてみると、この運動は貧困削減のために必要な政策変更を求めるキャンペーンであると同時に、「国際協力NGO」というこれまで自分たちのアイデンティティを規定していた概念自体を問い直し、市民の新しい役割を模索する社会運動プロジェクトでもあるのではないかと思うようになった。

このキャンペーンは「貧困削減」という大きな共通目標の下で、多様なアクターが多様性を維持しながら協力・連携関係を構築していくことが鍵になっている。また、キャンペーンは、これまでの政策提言のように一部のエリートNGOsが政策対話をするだけでなく、できるだけ草の根の人々の参加を強く呼びかけ、貧困問題自体をクローズアップさせることが運動となっているのである。ここには、「世界社会フォーラム(WSF)」[1]との類似性を見て取ることができる。草の根で社会的困難に直面する人々が直接声を上げるWSFのような社会運動を国際協力NGOが主導するという事態は、私の知る限りこれまでなかった。

「国際協力」とは何か？ 冒頭のスローガンは、この問いを自ら模索するNGOの決意表明のようにも聞こえ、国際協力NGOの新しい時代の幕開けに私たちが立っているようである。

本稿の目的は、こうした背景を踏まえて日本のNGOの行き先を示唆する提言を少しでも導き出すことにある。その方法として、国際協力NGOのありようというものを、NGOを取り巻く環境の変化、特に3つのレベルの政治状況において分析する。1つは、「開発協力」という言説をめぐる国家レベルでの政治において、特に日本政府がNGOとどういう関係を築こうとしているのかということ(ナショナル・レベル)。もう1つは、国連を中心とした普遍主義を国際社会に実現しようという政治においてNGOの役割をどう考えるかということ(グローバル・レベル)。そして、3つ目はNGOという組織内部に働く政治とどう向き合うべきかである(ミクロレベル)。

---

[1] 世界社会フォーラム(WSF)」：新自由主義的グローバリゼーションや企業に支配された世界に反対し、「もうひとつの世界は可能だ」というスローガンの下、世界中のNGO、市民団体、労働者、農民が集まり、経験の共有や自由な意見交換などを行ないながらさまざまな提案・ビジョンを民主的に議論する場。2001年、ポルトアレグレ(ブラジル)で最初のフォーラムが開催された。

第 3 章　新しい NGO の方向性を求めて

　NGO は、これまで政治とは無縁の世界で存在するものであると思われてきた。NGO の中にも、「私たちは反政府ではない。非政府だ」と言って、政治とは一線を画していることを主張する団体も多い。特に国際協力 NGO は、政治から距離を置く（ように見せかける）ことで、自らのアイデンティティを確保してきた団体が少なくない。しかし、グローバル化が進み、これだけ人と情報の行き来が活発になった現代社会においては、政治の意味も変わってきている。NGO も必然的に多様な力関係の網の目に取り込まれる。そこに生まれるさまざまな力関係は、さまざまな政治を生み出している。NGO は、一般的に政治から自由なのではなく、冷戦時代のような思想や主義などの大文字の政治からは自由だが、それだけにこれまで以上にもっと「微細で多様な政治」と付き合っていかなければならなくなってきているのである。NGO のありようを考える時、NGO を取り巻く環境、とりわけ政治という視点からの分析が必要なのである。

1．NGO の政治 1：国家と NGO の関係

　まずは、国家レベルの政治と NGO の関係から考えてみたい。JVC が活動してきた25年間という年月は、それなりの歴史的意味を持つ。特にこの間、冷戦の終焉と「9.11」という2つの大きな時代の節目があり、実際に国際政治や経済のあり方を大きく変えた時代でもあった。JVC は、現場に真摯に向き合うことを活動の原則においてきた団体として「自分たちは何ものか？」という問いには、これまであまり深刻に考えたことはなかったように思う。しかし、時代が大きな変化を遂げる中で、とりわけ日本で「NGO は何者だ」という問いが増えるにつれ[2]、また「開発」を巡る言説が変化する中で、新たな課題として突きつけられ始めている。ここで詳しく議論する紙幅はないが、「開発」を巡る言説は、今「先祖返り」を起こしている[3]。政府

---
[2] 2004年4月に起きた個人ボランティアのイラクでの人質事件とその後バッシングが記憶に新しい。
[3] たとえば、世銀が9月に発表したアフリカ戦略などは、経済成長路線への明確な回帰がある。

の開発援助は、冷戦時代の時以上に強く「援助する側」の国益や思惑を反映するようになってきているのである。

　「開発」は、元々トルーマン大統領が第2次世界大戦後、ヨーロッパでマーシャル・プランを打ち出し、アジアやアフリカの国が独立する矢先に提唱したことが、現在使われるこの言葉の概念の根幹を作ったと言われている(Zachs 1991)。「開発」という概念は、2つの大戦をもたらした経済的背景にある国際恐慌への反省によって彩られ、雇用の確保、国際貿易の促進、市場と通貨の安定という経済的要求と、戦後に生まれた冷戦という政治的要求が背景となって生まれた。すなわち、ケインズ学派の経済学的考え方とソビエト型統制経済への対抗、そして科学・エンジニア思想に基づいた社会計画という考え方を、どのように独立後間もない途上国に浸透させていくかが、西側先進諸国の「開発」に対する基本的考え方になったのである。この考え方は、60年経って、再び援助国の間で注目されるようになる。特に、2001年9月、ニューヨークのワールド・トレード・センターとペンタゴンに旅客機を乗っ取り突っ込むという同時多発「テロ」事件が起き、その結果、安全保障が国家の最大の関心事となってからである。

　この事件以後、「テロ」の背後に貧困問題が横たわっているとの認識が強まり、欧米は2001年を境目に援助に振り向ける援助予算(ODA)が少しずつ増加していくのである。たとえば、2003年のモントレー会議の前に援助を3年間で倍増するという方針を発表したが、その理由は「ミレニアム・チャレンジ・アカウント」(MCA)という新規基金を作り、そこからテロ対策などを積極的に進めている国を「良い政策(Good sound policies)」を持っている国として優先的に援助しようとするものであった。

　しかし、これは援助をあくまでも安全保障問題の手段として位置づけた結果であり、環境や開発の問題はNGOや民間が主導して行なえばよいという考え方を変えたわけではない。すなわち、冷戦時代に西側陣営に引き込むために援助をばらまいたのと同じことを、今度は「対テロ対策」という名目においてやろうとしているのである。MCAの実働者の多くはNGOである。日本でも、同様な傾向が見られ、2003年に改訂されたODA大綱で平和構築

の重要性が打ち出されたが、この実施にあたっては日本政府はNGOとの連携を積極的に進めようとしている。

　加えて、日本ではNGOがますます政府にスポイルされていく傾向を強めている。たとえば、政府とNGOの関係であるが、NGOの恒常的な資金難が政府への依存性を高めていく一方で、政府にもNGOを費用対効果の高い実務上のパートナーとして位置づけようという傾向が強まっている。今、日本は民営化を推進する方向に邁進しようとしているが、それは「政治」そのものの意味を揺るがせている。民営化には、政府の役割の問い直しがコインの両面のようにセットされている。政府は、かつてのように直接介入主義的な政策(たとえば公共事業)によって雇用を拡大して高度経済成長を成し遂げたり、資源再配分や規制に関し大きな権限を持つという役割から代わって、「民」(主に営利セクター)による活動を情報管理や審査・評価を通じて促進するという間接的介入へと変えていっているのである。この結果、政府はNGOを助成したり、仕事を委託したりする機会を増やす一方で、意思決定者としての役割が小さくなりつつあり、社会運動も政府をターゲットとして定めづらくなってきているのである。

2．NGOの政治2：普遍性を求める国連とNGO

　「開発」のための介入のすべてが批判されるべきではないという意見もある。その国の政府が果たしえないことを他の国が支えることは一概に否定できないのではなかろうかということだ。「開発」の目的と主権介入の論争は、長年にわたって繰り返されてきた。この問題が難しいのは、何が普遍的な「正義」なのかという問題が関係してくるからである。

　確かに、国連は「発展の権利」を人権であるとの主張を早い段階からしてきている。「発展の権利」という概念は、既に国連憲章第1条に人々が自決する権利として明言されている。その後1979年の国連総会で「発展の権利は人権であり」、「発展に対する機会の平等は国家、並びに国家を構成する個人

の特権である」と主張し、1986年の国連総会では「人間は発展の中心的主体であり、発展の権利の積極的な参加者にして受益者でなければならない」と記して、その普遍性を確認している[4]。

　2000年に189ヵ国が合意した『ミレニアム宣言』では、それを「責任の共有」という価値・原則と併せて、改めて強調している。ここでは、「発展の権利」を世界中で普遍的なものであると認識し、共有し、確認することで、国際社会全体を枠組みとした「正義」を定義しようとしている。それを189ヵ国もの首脳・国家元首が同意したのは、国連から見れば大きな前進である。国連は、加盟国政府を一義的に尊重するだけでなく、世界中の少数民族や社会的に迫害され、排除され、周縁に追いやられているマイノリティの人権を守ることができる普遍的な概念を広めることも理想としている。国家間の衝突や差別や格差のない社会を実現しようとする理想を機能させる組織となるための改革も続けられている。しかし、その一方で大国間の調整を預託された安全保障理事会が、国連組織の中で最も機能しているのであり、「国際平和」の監視役という役割に対する期待も高い。1国1票という原則による国際社会の対話と総意を作りあげる場と、大国間の意見調整の場という矛盾する2つの機能を併せ持っているところに、国連の期待と限界が表れている。

　「開発」の鍵は、草の根の人々のオーナーシップである。その意味で「開発」はできるだけ政治的でない方が望ましい。しかし、実際の「開発」には、「援助する側」と「援助される側」の2つの国家による恣意的なコントロールという政治がある。「開発」がこの2つの政治によって歪められるのを避けるためには、もう1つ高次の政治に問題を止揚してしまうことである。私たちが理想と考える地球社会の平和を実現するためには、グローバルの次元での政治を求めざるを得ない。ここに国連の果たす役割がある。

　しかし、これはあくまでも理論的な話であって、国連自体が一部の強国によってコントロールされやすいという機能的弱点をいまだに抱えている。冒頭の貧困削減キャンペーンは、実は国連と市民が協力し合って進めているの

---

[4] 1986年12月4日付け国連総会決議41/128『発展の権利に関する宣言』

だが、これには国連をより直接的に市民にアカウンタブルな組織に変えようというねらいもあるのである。

いずれにしても、国家主義的な開発への介入を防ごうと国連中心主義で進めようとしても、現実の政治はそれを簡単に許してはくれない。市民も、「対テロ」に表される安全保障への希求が国家への依存を高め、同時に国際平和という理想を国連の普遍性に求めるという2つの志向性の狭間でさまよっているように思える。しかし、いずれの方向に「開発」を位置づけようとも、NGOは政治性に向き合わなければならないのである。

3．NGOの政治3：「持続性」はNGOの持続性か

NGOは一定の規模の大きさを持つと、その組織運営において、日常の活動や発言の中で自身の政治的空間を規定するような判断を行なっている。最後に、NGOという組織が内包する政治のあり方を見てみたい。

NGO・NPOは、その定義上、「非政府」であったり、「非営利」であることで、現状の政治や経済のシステムから自由であることが前提となっている。その「自由」が、まさしくNGO・NPOの特徴であり、社会的存在としての比較優位であり、「売り」である。しかし現実は、「自由」であるだけに、社会のさまざまなところで、自らの立ち位置を説明し、必要な責任を果たして社会的信用を確立していかなければ、組織を存続させることができないのである。たとえば、良い国際協力はどうだ、寄付金の使い方についてはどうだ、自衛隊海外派遣についてはどうだ、ボランティアの自己責任バッシングについてはどうだ、等々である。消極的に「私たちは〜でない」ということで自己確立できるわけではなく、積極的に「私たちは〜である」と言わなければならなくなっているのである。

たとえば、次のような力関係の中に、国際協力NGOは置かれている。「北」のみならず「南」ですさまじい勢いで増加しているNGO間の競争。NGOは、一部の支援者に支えられる同好会ではなく、いかに広く一般市民

のサポートを得るかということに腐心している。世論をどうやって味方につけるかは政府との競争でもある。

　サービス提供であれ、現場の状況を伝えるアドボカシー活動であれ、同様の業務を行なっている企業は存在する。違いは営利か非営利かということであり、両者の間で競合関係が生まれている。たとえば、国境なき医師団やOXFAM（オックスファム）のように紛争地で緊急救援活動を行ないながらもアドボカシーを行なうNGOは、現場の状況を伝えるという意味で、メディアとの伝達情報の「質」を巡って競合関係になる場合がある。

　また、NGOの組織内部に目を転じれば、そこにも力関係が存在する。NGOで働く意志を有する者の多くは、既に個人として「何かやりたい」、「何か役に立つ仕事をしたい」という思いを持って組織にやってくる。単に「仕事の場所を得たい」、「収入を確保したい」という動機でNGO組織で働いている人間は少ない。そのため、組織内で個人としての主張、意見を強く出したいと願う者が多い。企業内で出世や収入の向上をねらって頑張ることとは違って"純粋"なだけに、その動機は強く意識される。そのために、シニア・スタッフと若手スタッフの間での競争意識なども芽生える。そのため、経験量でかなわない若手スタッフは、より高い専門技術を身に付けるという動機付けを持つようになる。組織内でできるだけ自己実現を果たしてもらいたいと考えるシニア・スタッフもそれを積極的に容認し、結果、「組織として専門性を高める」という命題が肯定されていく。

　政治や経済から「自由」であるという価値を保つために、こうしたさまざまな文脈の中でNGOは自らのアイデンティティをよりいっそう強く、明確に、意識的に提示する必要に迫られており、複雑な力関係の網に取り込まれていくというジレンマを本質的に抱えることになる。

　私が観察する限り、NGO、特に国際協力NGOが新たな社会状況の中で変革の目標を見直し、必要なら組織を解体し直すという方向に向かうことは難しくなってきている。なぜか？　多くの国際協力NGOは、その組織目標あるいはミッションに「食べられる社会」や「平和な社会」を掲げるが、それらはまったく達成されていないばかりか、ますます実現が遠のいてしまっ

ている。その中で、組織のあり方を根本から見直したり、必要に応じては解体して改めて個人に戻るということはなく、今の組織を維持しつつ修正を加えていくという選択に傾いているからである。そして、この選択には、NGO や社会運動を支える市民の層が絶対的に薄いことが影響しているように思われる。組織維持を選択する NGO の多くは、「若い人たちを育てる」という発言をよくする。社会を良くしよう、変えていこうという行動を始める場と機会を少なくしてはいけないという問題意識が、組織存続を優先する大きな理由となっているようである。

おわりに：「合理的な不同意」に向けた対話へ

　以上の議論から、NGO を取り巻く政治を 3 つ見てきた。
❶日本を含めて国家の安全保障の関心から NGO を活用しようとする傾向が高まっていること。
❷国連に普遍主義の定着を期待しつつ協力関係を深めつつも、現実の大国による政治に翻弄される危険性を払拭できないこと。
❸そして NGO 自身も組織存続のために現状維持を選択する傾向を強めていること。
　この 3 つである。この状況の中で、国際協力 NGO はますます社会変革の担い手としての力を失い始めている。それを裏付けるかのように、自分たちで「もうひとつの世界をつくろう」と、市民、農民、労働者などの当事者が集まる WSF などが急速に台頭してきているのである。
　私は、昨年から「NGO とは何者であるか」というテーマの下で NGO と社会運動の関係を模索する対話プロジェクトを行なってきている。私は、この対話に次のような 2 つの可能性を期待している。
　1 つ目。上述したように、「開発」という言説で起こっていた理論や手段を巡るさまざまな議論は、常に 1 つの解決策、1 つのベスト・モデルを求めて行なわれているものであった。そして、この論争の結果として、今改めて

古き良き時代に戻るかのように経済成長路線に回帰していると述べた。理想的な「開発モデル」を求めて、以前のモデルを批判しながら、新たなモデルを提案しつつも、完全無欠のモデルを提示することはできず、結局、自ら批判した旧いモデルに先祖返りしてしまっているのである。

　むしろ、私たちがしなければいけないことは、「良い開発」ということへの憧れの呪縛から解き放たれて、「協力」というものの原点に立ち戻ることである。「開発」というある1つの方向性を示唆する活動に人々を巻き込む前に、まずは同じ人間として彼らの社会的困難な状況を改善するために「協力」するということを改めてNGO間で確認したいと考えている。おそらく、貧困や紛争に苦しむ人々に「協力」する意義と必要性は誰も否定しないだろう。しかし、「協力」は、対話なくして成り立たないし、まず対話することからしか始められない。少し手垢が付いた言葉で言えば「パートナーシップ」は何かということである。何よりも、責任の共有という視点に立った協力関係という原点と、国連総会決議で表明した人権としての「発展の権利」をいかに確保するかという問題意識を、対話を通して広く共有することである。

　もう1つの期待は、格差を維持し、新たに作り出してしまう政治性を、いかに「開発」から払拭するかという問題である。実は、「開発」をどのような方向に進めるべきかという議論は、それに至る手段が錯綜していても、方向性はハッキリと見えてきている。それは、資源の有限性や環境問題の深刻さの中で、どうやって地球社会や人類を持続させるかという「持続性」は絶対に無視できないということである。私たちが向かう「開発」の方向性は、「持続ある社会」をどう作るかということなのは明らかである。

　問題は「持続ある社会」を実現する手段の正しさを誰が主張していて、誰が決めるかということである。つまり、「開発」をめぐる政治である。たとえば、日本政府などは「持続性」という言葉を経済的持続性と捉え、経済成長の必要性を強調する。しかし、「持続性」は経済成長によってのみ確保されるわけではなく、人と人、人と自然が共に生きられる根源的な生存条件が欠かせない。持続性とは、まさにそうしたものの総体をいう（いわゆるサブシ

ステンスの概念をここでは指している)。

　こうしたことに対して日本政府は明確なビジョンを持ち合わせていないし、ましてやそれをODAで実現しようとする議論までには至っていない。また、ODAによって引き起こされる根源的な生存条件(サブシステンス)を破壊するような開発協力の見直しや教訓の共有なども十分に行なわれていない。「開発」は、外部者が「他者」の社会に介入し、さまざまなレベルで影響を及ぼす行為である。しかし、それが誰のために行なわれるものであり、誰に対してどのような影響が発生し、それを誰がどのようにコストとして払うのかといったことを、どう決めるのかという手続きすらも十分に整備されていない。「持続性」を考える時、当該住民の意見を尊重して、あらゆることが住民によって事前に確認されなければならないことは当たり前のことではなかろうか。

　Edwardsが述べるように、私たちは「持続ある社会」のための「開発」についてのベストな手段について答えを持っていない。持っているのは、「開発」に伴う影響のコストを支払う人が誰なのであり、その人々を主体として「協力」の手段についてすべての関係者が一緒になって議論することが重要であり、対話が不可欠だということである(Edwards 1999)。つまり、今私たちがすべきことは、明らかにしなければいけないと知っているこのこと(＝対話)をすることなのである。このような対話は必ずしも同意を得ることができるとは限らないだろう。しかし、それでも「協力」ということを議題としてテーブルに乗せて、対話することが必要なのである。すなわち、多様性を尊重しつつ、対話を続けることが、今の混沌とした社会において最も合理的な行為なのである。Edwardsは、これを「合理的な不同意(Rational Disagreement)」と言っている。

　最後に、この「合理的な不同意」を求めた対話は、社会運動としての役割も果たしうることを述べたい。社会運動は、その機能的効果として、社会に潜むさまざまな問題を予見し、顕在化させる効果がある。いわゆる社会の「常識」、あるいは文化的伝統のために、これまで気づかなかった、あるいは無視されてきたことはたくさんあるが(たとえば、ジェンダー)、それを問題と

して社会の表面に浮かび上がらせることである。たとえば、水俣住民闘争は、運動の機能的効果の観点から分析すると、それは少数者の社会差別と近代化の弊害や企業の社会的責任などを、あたかも隠れていた膿を押し出すかのように、水俣という「場」において社会に噴き出させるきっかけを作ったのである。それが、広く運動となっていったのは、そうした社会の矛盾が既にあちらこちらで吹き出し始めていたからである。水俣がそれを鋭く鋭角的に提示したことが、広く人々を集わせ、大きな政治的な声に変えていくことになったのである。

このように社会運動には、社会に潜在する問題をいち早く捉え（予見性）、それを広く市民に提起していく（顕在化）という機能があり、それを国際協力NGOも持ちえるはずではなかろうかと考えている。つまり、上述したように国際協力NGOもさまざまな政治に取り巻かれているが、それは国際情勢や国内政治の変化と無関係ではない。その政治の中で、NGOが活動をしていく上で、矛盾となって顕れてきているのであれば、それを社会問題の諸相として、問題提起することができるのではなかろうか。国家がNGOとどういう関係を築こうとしているのか。その対応の変化はどういうものか。企業との競争、NGO間の競争、組織内で自己実現を果たそうとするスタッフ間の競争などが、私たちの意識や社会にどのような変化をもたらすのか、考えてみる必要がある。国際協力NGOといえども、「国際協力」という活動を物理的に実施しているというだけではなく、「市民を集合させている組織」という側面にもっと意識を及ぼせば、NGOが社会からどのような力を受け始めているのか、そして、そこにどのような政治、経済、社会文化の変化の影響があり、それが矛盾として噴出しようとしているのかを詳らかにしていくことができるはずである。それによって、より「持続ある社会」に向かうための諸矛盾を、鋭い形ではないが、緩やかにでも予見させる役割を果たせるのではなかろうか。

NGO活動の説明責任は、資金のやり取りや国際協力目標への効果という次元だけの問題ではない。組織が抱える困難さ、国家や企業との関係の難しさ、個人を集合させることの課題なども市民に開いていくことである。そう

して初めて、NGOは社会的存在になれるのではなかろうか。JVCが25周年を迎えるにあたって、広い意味での対話と説明責任をいかに高めていくかが問われている。

【参考文献】

Edwards, Michael. 1999. *Future Positive*. Earthscan.
Tarrow, Sidney. 1998. *Power in Movement*. CUP.
Zachs, Wolfgang. 1991. *Development Dictionary*. Zed books.

第Ⅱ部
時代の現場から

第1章　アフガニスタン、対テロ戦争の時代を生きる

谷山博史

1．9.11とアフガン戦争

■1 9.11とアフガン空爆——同じ時代を生きるものへの問い

　2001年9月11日ニューヨーク貿易センタービルにハイジャックされた航空機が突入した瞬間からアメリカのアフガニスタンに対する空爆が始まるまでの1ヵ月間、私たちはこれまでに経験したことのない緊迫した雰囲気に包まれた。世界が憎しみの連鎖に引きずりこまれていく恐怖、政治が理性を失って憎しみを武器にした支配に変わっていくことへの危機感、そしてこのあとに続く戦争を止め同時に「テロ」を生む世界の不公正をなくすという途方もなく大きな課題を突きつけられた焦燥感。迫りくるアフガニスタン攻撃というタイムリミットを前に、JVCのみんなが戦争を待つのではなく「今」何かをしなければいけないと感じていた。

　この間、JVCは続けざまに3つの声明を出した。9.11の首謀者と結び付けパレスチナ人非難が広がることを想定して出した声明、アフガニスタンへの攻撃と日本政府の戦争協力を非難するための声明、そして9.11事件の背景とその解決の方法に関するJVCとしての意見表明。JVCのスタッフは、これらの声明を手に各地の平和集会に出向いていった。

　一方でアジア、アフリカ、中南米の各地では貧困と環境破壊がすさまじい

勢いで進んでいる。しかも冷戦後の特徴として、このような人間と自然に対する収奪が、「開発独裁とそれを支える先進国」という政治による構造支配から、「グローバリゼーション」という国際スタンダードに名を借りた経済による支配の構造に変わってきていた。経済のスタンダード化にともなって欧米の価値観が世界の隅々まで浸透し、しかもそのことが地域の自然と風土に培われた多種多様な知恵を人々から剥ぎ取り、人々を精神的にも無力にしていった。

　有無を言わせぬこの圧倒的な力を呪いながらも、一方でいわゆる「欧米流の豊かさ」「欧米流の自由」への憧れを抱く姿があった。それが1人ひとりの心の中、あるいは社会の異なる世代の間に葛藤を生じさせた。この矛盾は、ひとたび火をつけられれば爆発する。その爆発はもっとも単純で激烈なメッセージに引火するであろう。その1つが「イスラム原理主義」であった。

　支配する側でもこの矛盾に気がついている。経済のグローバリゼーションだけでは人々を押さえつけられない。いつか爆発するのではないか。対テロ戦争を始めた世界の指導者の葛藤はそこにある。軍事力によって経済のグローバリゼーションを下支えするという構造が生まれたのである。

　9.11以前から日本では右傾化の芽が育っていた。「新しい歴史教科書をつくる会」の公民・歴史教科書の問題もその流れにあった。JVCはこの問題でも声明を出し反対運動に参加した。アフガニスタンでの戦争が目の前に迫っていた時、戦争によって殺戮が行なわれるかもしれないアフガニスタンの人々と日本の私たちとが「グローバリゼーション」と「対テロ戦争」という時代の生々しい現実を共有していたのである。アフガニスタンで活動することになったのは、悲劇がそこにあるからという理由だけではなく、私たち自身がアフガニスタンの問題でそのあり方を問われていたからである。

2 緊急援助の開始──緊急援助のパラドックス

　2001年10月8日米軍のアフガンへの空爆が始まった。その1週間後、私は井下俊医師とともに隣国パキスタンでの調査に向かった。空爆開始以前にアフガニスタンにいた援助関係者はすべて国外に退避していた。戦闘の巻き添

えになる危険が大きかったのと、湾岸戦争の時のように外国人がタリバンの人質になる恐れがあると思われていたからである。

　私たちは難民に対する国際援助の動向とアフガン国内の情勢を把握するために、アフガンと国境を接する2つの町、北西部のペシャワールと東南部のクエッタで調査を行なった。調査の結果、JVC は、アフガニスタンからパキスタンに逃げてくる難民への援助ではなく、アフガン国内で国境を越えられずに滞留している150万に上る国内避難民を支援することに決めた。

　方法としては、アフガン内に拠点を持ち、かつ緊急援助ですぐにスタッフを動員できるアフガニスタンの NGO と組むことにした。協力相手として OMAR インターナショナルという地雷除去と地雷回避教育を長年国内で行なってきた団体を選んだ。10月末の緊急援助開始から翌年3月までに、アフガン東部の町ジャララバード周辺に滞留する国内避難民約1万5000人を対象に食料と毛布の配給と巡回診療活動による医療サービスを行なった。

　戦争によってもたらされた危機的な状況下での緊急救援は、政治的なバイアスによって歪められることが多い。それは、援助する側が意識するしないにかかわらず、戦争当事者のどちらかの側に立ってしまうからである。

　冷戦最中のカンボジア紛争の際、国際社会はカンボジアに侵攻したベトナムとその傀儡と言われるヘンサムリン政権に敵対していたため、カンボジア難民支援のキャンペーンを繰り返し、膨大な金を難民キャンプに注ぎ込んだ。当時、カンボジア国内が極度に疲弊していたにもかかわらず、国内にとどまるカンボジア人への援助はわずかであった。国内共産政権＝国内のカンボジア人＝悪、難民＝善という構図が作られてしまったのである。

　コソボ紛争の際は、コソボ難民に援助が集中し、NATO の空爆の被害を受けたセルビアの人々に援助が注がれることは稀であった。ここでもミロシェビッチ大統領＝セルビア＝悪、ミロシェビッチに弾圧されたコソボのアルバニア系住民＝善という構図が成り立ってしまった。いずれの場合でも私たち JVC は難民の側への援助と同時に、敢えて「悪」の側に色分けされてしまった人々にも援助を振り向けてきた。

　アフガニスタンでも同じことが起こっていたのである。1つだけ違ってい

たのは、つまり国境で異様な光景だったのは、当初50万人規模で出ると予想されたパキスタンへの流出難民が8万人にも満たなかったことである。

❸ 同時進行する復興と戦争
■復興の最大の障害、治安

アフガニスタンで活動する上でもっとも大きな障害は治安の悪さである。私が赴任した2002年は治安が比較的安定していた。巡回診療では村々を自由に行き来できたし、町のバザールでも危険は感じられなかった。しかし、2003年の1月頃から状況が変わった。イラクへの米軍の攻撃が迫っていた時期である。1年前に駆逐されたタリバンが体勢を立て直し、活発に動き出した。また、タリバンも、反米・反政府ゲリラのヘクマチュアルも、NGOと外国人を米軍の手先と名指しし、攻撃の対象にすると宣言した。ソフトターゲットを狙って政治と復興活動を混乱させる戦略であった。

国連は援助関係者を狙った襲撃事件があるとその都度活動を休止させ、状況に応じて職員の自宅待機や退避命令を出す。NGOも原則として国連の安全処置に従う。たとえば、2003年11月16日ガズニ県でUNHCRのフランス人職員の殺害事件が起きた際の処置を見ると、16日南部、南東部、東部駐在の外国人スタッフは一両日自宅待機、17日外国人は2、3週間市外への移動禁止、18日ローカルスタッフも含めて2、3週間自宅待機、UNHCRは外国人スタッフ30名をカブール等に待避、という具合である。しかしこうした処置は単発の事件の影響を受けてというよりも、治安の全体状況が悪化しているという背景があってのことである。

2003年10月2日にカブールで行なわれたNGOの緊急治安会議では、各地のNGOから治安の悪化を訴える報告が相次いだ。前年に比べて襲撃事件の頻度が15倍になっただけではなく、襲撃事件発生の割合がカブールと地方とで昨年の同時期に比べて2対1から7対1になり、特に地方での治安の悪化が深刻であった。

また特徴的なのは、NGOと関わりのある一般民が被害にあうケースが増えていることである。同会議では、東南部でタリバンと思われるグループが

NGO と関わりのある人間を探し出して制裁を加えようとしているという報告があった。コミュニティが NGO と関わることで危険になる、あるいは危険を恐れるという局面が現れ始めていた。

「NGO＝米軍の手先」という対立の構図、米軍による民間人への誤爆・誤射、米軍による軍閥の利用と追放、そしてゲリラ化。これらアフガニスタンの平和を脅かす要因は、紛争当事者であるタリバンを排除した和平合意や対テロ戦争と復興が同時に進行するといういびつな構造の当然の帰結と言うほかはないであろう。

2．復興援助のパラドックスと JVC の活動
──問われる NGO の存在

復興援助とは機能麻痺に陥った国家行政を再建し、行政の手が届かないサービスを政府に代わって提供することである。つまり NGO にとっては行政の肩代わりをする過渡的な援助である。いきおい NGO はトップダウンのサービス提供に甘んじてしまう傾向にある。NGO がこのような援助をする必要があるのか。

❶ JVC の活動の変遷

JVC はアフガニスタン東部ナンガルハル県を中心に OMAR と共同で 5 ヵ月間の緊急援助を実施した後、2002年4月から1年間巡回診療活動を継続した。2003年からは JVC 単独で伝統産婆支援、村の診療所支援、女子学校建設と個別の活動を重ね、2005年3月からは地域保健を柱とした総合プログラムを開始した。これまでの活動を概略すると以下のようになる。

▷ 2001年10月〜02年3月　緊急支援として医療支援、食料と毛布の配布（OMAR と共同）
▷ 2002年4月〜03年3月　ポスト緊急期支援として巡回診療活動とジャララバードクリニックの運営(OMAR と共同)

▷2003年10月〜現在　ナンガルハル県3郡で伝統産婆支援
▷2003年12月〜現在　シギ女子学校支援(日本の生徒との手紙による交流活動を含む)
▷2004年2月〜05年3月　クナール県カスクナール診療所支援
▷2005年3月〜現在　東部ナンガルハル県における地域保健プログラム：
　❶ゴレーク村診療所支援
　❷ゴレーク村周辺でのコミュニティ・ヘルスワーカーの育成
　❸同地域を中心とした伝統産婆支援
　❹同地域を中心とした安全な水の提供(井戸掘り)と衛生教育活動
　❺ジャララバード女性医療従事者養成センター支援

　緊急救援の期間は別にして、JVCはこれまで、大量物資導入型の援助を避け、比較的小規模の活動をきめ細かく行なうように努めてきた。それには理由がある。まず、JVCにとってアフガニスタンは新しい活動地であり、地域コミュニティのことを知らない。地域コミュニティのことを知らず、村人と信頼関係がないところで大きな活動をすれば、必ず人々の過剰な期待と依存、そして地域での不公正が生じる。復興で短期間にものを導入し、資金を消化して去っていくのならあとは野となれ山となれであるが、初めの2、3年で地域の足がかりを得、そこで住民主体の開発に長く関わっていきたいと思っていたので、慎重にならざるを得なかった。それがJVCの25年にわたる復興における失敗と反省の反映であった。

　しかし、こうした慎重な姿勢はアフガニスタンでは全く理解されない。JVCは地元では"カンジュース(ケチ)"と言われ、何もやっていないかのように見られる。またアフガン政府主導の復興が全国一律のサービスというナショナル・プログラムの形態を持つようになるにいたって、NGOはそれに組み込まれ、大規模NGOだけが政府の委託を受けて活動できるようになってきた。

　さらに、治安が不安定なために、宿舎、ガード、通信機器、車両等安全対策にかなりに資金を費やさなければ活動そのものが成り立たないという事情もある。これまでの活動で経験のある分野、そしてある程度の信頼関係のあ

村で住民と話す(アフガニスタン東部、JVCの活動地にて、2004年)

る地域で総合プログラムを始めた背景にはこのような事情があった。

　アフガニスタンの村は奥深い。外国人にとってのみならず、外部のアフガン人にさえ容易に実態をうかがい知ることはできない。コミュニティは結束が固く、城壁のような外壁で居住部が囲われている。

2 村とどう付き合うか

　アフガニスタン、特に東部から南部にかけて住むパシュトゥーン人の村では、村長と長老からなるシューラ(村評議会)が村の自治を行なってきた。しかし、アフガニスタンの農村の自治機能が長い内戦で失われてきていることも無視できない。JVCが女子学校の支援を行なっているシギ村は、20年前にナンガルハル県で初めて村の女子学校を作ったほど先進的な村であった。この学校の校舎を増築することになった時、村人はシューラにはかり、土地取得のために10万ルピーまでは出すことを決めた。しかし、いざ建設を始める段になって、敷地が自分の所有地だと言い出した人間が4人も出てきた。

郡長が間に入っても問題は解決しなかった。内戦と難民化で土地の権利関係が不明確になり、シューラの権威も衰微してしまったのである。

　伝統的な自治機能や互助の仕組みがどのように残っていて、何が失われたのか。伝統的な習慣や規範では対応できない村の変化に対応し、弱い立場の人間の利益をどのように保障していけるのか。これはNGOとしての私たちの課題であるが、村自身の課題でもある。村の復興、開発というのは、伝統と近代の狭間で、村がいかに自治的な組織を再構築し、村の問題を解決していけるか、そして外部者がいかにそれを支援できるかということである。残念ながら私の知る限りアフガニスタンではこの問題に取り組んでいるNGOは少ない。

❸ 保健医療支援に見るグローバリゼーションと民営化

　JVCは当初から保健医療分野の活動を通して地域に入り、村社会を学ぼうと考えていた。保健医療活動は人々のニーズが切実でかつ公平性が高いからである。村社会に負のインパクトを与える可能性も比較的低い。しかし、活動の許可を政府から得るために費やさなければならなかった時間と労力は膨大なものがある。

　その理由の1つに行政の重層構造があった。クナール県カスクナール郡診療所を支援するにあたって、まず2003年当時東部4県の保健を管轄していたジャララバードの保健局と交渉、ついでクナール県保健局と交渉、さらに首都カブール保健省と交渉した。しかし、それぞれが自己の権限を主張し、しかも言うことに差異がある。現場のニーズを優先するために地方行政から合意を得る必要があったのだが、地方行政は地方の親分が牛耳っており、親分の利権を押し通そうとする。一方、カブールは地方の現実を知らず、型どおりの政策に固執する。医療援助の空白地帯であったにもかかわらず、カスクナール郡で活動を始めるまでに、JVCの事務所のあるジャララバードからクナール県保健局のあるアサダバードやカブールを何度往復したであろう。しかも、治安が悪化し、移動には常に危険がともなっていた。

　この間カブールではWHOや世銀などの国際機関による保健政策作りが

進められていた。全国一律に適応されるナショナル・プログラムの策定である。保健省は国際機関のコンサルタントの協力を得てカブール主導のシステムを導入しつつあった。保健省は保健省で、地方行政とNGOをコントロールする必要があったからである。2003年から2004年にかけて確定した2つのシステムによって、NGOは国家統制に完全に組み込まれた。

これは、国際援助が標準化とコントラクト・アウト（業務委託形態の1つ）という2つの基準で動いていることの現れだと言える。援助の中身を標準化し、その基準の範囲内でNGOに仕事を請け負わせる。あるいはNGOが標準化とコントラクト・アウトという競争原理に勝つために自分から率先して受けのいいスタンダードを作り、国連やドナーや行政を引っ張り込む。「標準化」をグローバリゼーションに「コントラクト・アウト」を民営化に置き換えると、アフガンに今の世界が反映されて見えてくる。

"ナショナル・ミニマム"という、いわゆる保健行政に不可欠な要請を考慮すれば、全国一律のサービス提供という視点が欠かせない。しかしNGOはもう1つの視点、つまり現地の人々の声を保健支援に反映させ、現地の人たち自身の手で現状を変えていくための手助けをするという視点が必要である。そうでなければNGOは行政や国際ドナーの下請けでしかなくなり、躍動する独自性を失ってしまう。

3．軍・NGO・復興援助の関係

❶ JVCが遭遇した事件

今年2月26日、JVCが支援するアフガニスタンのクナール県カスクナール郡の診療所が米軍によって一時占拠されるという事件が起きた。米軍は5台のジープと装甲車で乗りつけ、診療所のスタッフを退去させた上で、診療所内のホールで住民に物資の配給を行なった。住民に配った配給品には石鹸、歯ブラシ、シャンプーとともに妊婦や子どもが服用すると危険な薬も含まれていた。米軍はこの「作戦」を医療支援活動と呼んでいる。

また4月20日には、JVCスタッフの医師ハヤトラの母親が甥とタクシーで移動中、前方の米軍兵舎と後方の米軍車両から挟み撃ちされ銃撃されるという事件が起きた。このことについていまだに米軍から明らかな説明はないが、過剰な防衛による誤射だと思われる。

　事件直後、彼女は米軍のヘリコプターで他の無実の負傷者2名とともに米軍本部があるバグラムまで搬送された。この事件はハヤトラの属する一族に大変な衝撃を与えた。一族の罪もない女性が米軍に撃たれたという衝撃に加え、一族の女性が1人で米軍に連れ去られたことに対する衝撃が加わった。

❷ 援助の軍事化と民主化のパラドックス

　アフガニスタンはクラッシュ・アンド・ビルト、つまりぶち壊して建て直す国づくりの典型的な事例である。アメリカを中心とする有志連合による戦争でタリバン政権が駆逐され、国際支援の下で自由経済と民主化のための改革が進められている。9.11後の対テロ戦争という状況下で特徴付けられるのは復興援助の軍事化である。復興援助が軍事化する中で自由経済と民主化のための改革が進められるというパラドックスがまかり通っている。

❸ 軍による人道援助

　JVCの診療所を占拠したのは米軍のPRT(Provincial Reconstruction Teams)であった。PRTはCIMIC(Civil Military Cooperation)と総称される軍による人道支援活動を専門とする部隊を言う。PRTはアフガニスタンでの呼び名であるが、これまでに紛争地域で見られたCIMICとは異なる著しい特徴を持っている。特に問題なのは、大規模でかつ活動地域に限定がない(危険地域に限定されない)という点、米軍が主導権を握っており国連のシビリアンコントロールが効かないという点である。

　PRTは2年前米軍によって復興支援の新戦略として鳴り物入りで導入された。その後、一部はISAF(国際治安支援軍)に移管されたが、対テロ戦争の最前線であるアフガン東部、南東部、南部は依然アメリカが牛耳っている。

　米軍によるPRTは対テロ軍事作戦と一体の性格を持っている。このため

第1章　アフガニスタン、対テロ戦争の時代を生きる

今もアフガニスタンに駐留する多国籍軍の兵士たち（カブール）

　PRTが活動する地域ではNGOが軍事衝突に巻き込まれやすい。危険な地域だから米軍が人道支援をするのではなく、米軍が人道支援をするためにNGOが危険にさらされる。それはとりも直さず米軍の支援を受けた住民も危険にも及ぶということである。

　PRTによって活動を阻害されたのはJVCだけでなく、フランスの医療NGOの1つAMIの診療所もたびたびPRTに占拠され活動が麻痺している。PRTがAMIの診療所で薬を配って帰途についた直後に襲撃されるという事件も起きている。

　さらに米PRTは資金を中央政府や国際援助機関との調整の外で県知事への直接支援に用いて、地方政府と特別の関係を作り上げる。また、アセスメントも評価もなく事業をNGOに委託するため、安易な金に地元NGOが群がる。こうしてNGOは好むと好まざるとにかかわらず、援助の軍事化によって「非軍事、中立」という原則が侵食されていっているのである。

4 軍による人道援助の自己増殖

　テロリストの攻撃の危険のあるところで丸腰のNGOは活動できない。だから武装した軍が復興支援を担うしかない、というのがPRTの論理である。しかしアフガニスタンの現実はそれほど単純ではない。JVCスタッフの家族が米軍に誤射されたように、アフガニスタンの各地で米軍による誤爆、誤射、不当逮捕などが繰り返し行なわれ、多くの一般民が犠牲になっている。そして、こうした被害に対して米軍は調査も説明も保障をしないのが普通である。

　アフガニスタンでは被害者の家族が米軍を相手に告訴する手立てがない。被害者やその家族は憎しみを解消できず、人々の間に反米の心情が醸成されていく。私のまわりにもアメリカに反感を持つ者がなんと増えたことか。

　米軍は米軍自身による援助が必要だとされる状況（治安の悪化）を自ら作っているのが現実なのである。そして、PRTの援助自体が復興開発支援で不可欠な住民参加、公平性と持続性という原則からかけ離れているために、一時的に住民の歓心を買うことができても、長期的には住民の自立を促すことにはつながらない。

　さらに、膨大な資金が援助調整の枠を超越する形で投入されるため、中央政府や県知事、地元有力者の利益誘導の道具に使われる性格を持っている。このように、PRTがアフガン復興援助の負の側面を象徴しているにもかかわらず、NGOはこの現実を変えようのない事実として受け入れてしまい、批判するものさえ稀なのが現実である。

5 米軍に対するアドボカシー

　しかし、私たちはこの状況を手をこまねいて見ているわけではない。PRTの問題に関しても、誤爆の問題に関しても、現場の当事者として言わなければならないことがある。JVCはカスクナール診療所のPRTによる占拠事件をレポートにまとめ各方面に報告すると同時に、現場に近い東部の中心都市ジャララバードでの米軍とNGOとの調整会議やカブールでの連合軍とNGOとの調整会議で取り上げ、米軍のこうした人道支援活動の問題を指

摘した。

　PRTの問題点を早くから指摘し、アドボカシー活動を展開してきたのはアフガニスタンで活動するNGOの連合体ACBAR(Agency Coordinating Body for Afghan Relief) とCARE International そしてJVCである。米軍との交渉は一筋縄ではいかなかったが、事件のインパクトがあまりにも強かったこともあって、米軍の中にも理解者が現れた。米軍の医療部門のトップであるスティーブ・ジョーンズ大佐である。彼はNGOとの話し合いに基づいて、各県のPRTに対して、医療支援活動においてはNGOが活動している地域では活動するな、患者にはアメリカ人に対してとるのと同じ態度で臨めという通達を発した。これは重要な第一歩であったが、その後もPRTによる問題は後を絶たない。

　JVCのアフガン人スタッフの母親が米軍の一斉掃射で負傷した事件でもJVCは奔走した。他のNGOや国連の協力を得て、米軍に彼女の所在と安否を確認させた。次に、撃たれた傷が致命傷でなかったので、初期治療のあと家族に引き渡させた。次にやらなければならなかったことは米軍にこの事件の調査をさせ、補償を取り付けることである。カブールでの連合軍とのミーティングでこの問題を提起した。しかし、これは軍事作戦に直接関わる問題なので米軍の壁はとても厚い。それでも、外国のNGOである私たちが言わなければ誰も言うものはいない。アフガンの一般の人にはどうすることもできないのである。全国で何千人何万人もの人が同じような目にあっている。彼らの声を代弁できなければ政府の手先、米軍の手先と思われても仕方がない。

6 NGOの自家撞着

　今年5月11日、ジャララバードで学生のデモが一般民を巻き込んだ暴力的な騒擾に発展した。きっかけはグアンタナモ米軍基地でのコーラン冒瀆事件への抗議であったが、私はジャララバードでのデモ・騒擾事件以来、アフガニスタンの人々の心はNGOから離れていっているのではないかという危惧を強く抱くようになった。多くのNGO事務所が襲われたこの暴動事件には、

大量に流れ込む復興資金の恩恵に与る人間とそうでない人々との格差が拡大する中で、人々の不満が国際援助の象徴であるNGOに向けられたとも言える面があるからである。

　公共事業に絡むNGOの汚職が厳しい非難にさらされている。またNGO、特に国際NGOが欧米の価値観を押し付けていると考える人たちも少なくない。さらに、米PRTの委託を受けて積極的に米軍に関わるNGOがある一方、米軍との距離を置こうとしても不可抗力的に米軍の援助活動に巻き込まれていくNGOもある。NGOが米軍と一体視される土壌が確実に存在するのである。

　デモ事件ではアフガニスタンで活動するNGOの連合体ACBARの事務所も焼き討ちにあった。この事件をきっかけにACBARはこれまで調整会議にPRTの軍人を無批判に参加させていたのを改め、米軍の出入りを慎重にした。また作成過程にあったNGOの行動基準をメディアに発表し、NGOの中立の原則と住民参加と透明性の確保を人々に訴えた。

　この当たり前なことが当たり前に行なわれないほど、紛争後復興期の国際援助というのは汚職と押し付け援助を生みやすい。限られた期間に大量の資金を消化しなければならない復興援助の毒にNGO自身がまみれやすいのである。そして、武力で破壊した国で自由経済と民主主義を打ち立てることの矛盾が、人々の反感と反政府活動を長引かせる。援助活動も軍に頼らざるを得ない状況が自己増殖するのである。

　この自家撞着をNGOが乗り越えるためには、もはや現場で援助をこつこつと誠実にするだけでは不十分である。NGO自身がNGOを取り巻く状況を批判し変えていくためのアドボカシー活動がいま同時に求められている。

第2章　イラク、人道支援の現場から
――悪化する治安情勢の中で継続する人道支援――

原　文次郎

　JVCは、1991年の湾岸戦争後の1年間、イラクに対する給水活動などの緊急人道支援を行なった。しかし、その後は、中東の活動の軸足をパレスチナに移したこともあり、イラクへの支援活動は途絶えていた。スタッフが再びイラクに足を踏み入れたのは2002年の9月のことである。この時には既に米英を主導とする国々がサダム政権に対する圧力を強めており、戦争となる恐れが高まっていた。

　当時のサダム政権下での外国NGOの活動には制約があったものの、いくつかの病院や学校を訪問することができた。私たちはそこで子どもたちに絵を描いてもらった。彼らの作品と日本の子どもたちの作品と交換することで交流が生まれ、市民同士の相互理解を深めることによって、戦争に向かう動きを止めたいと願っていたのである。

　しかし、時すでに遅く、2003年の米英主導の攻撃によりサダム政権は崩壊した。NGOが紛争の予防に関わることができるのかという問いは大きい。私たちはこの問題を抱えたまま、戦争後のイラクに関わり続けている。私たちは戦争を止めることはできなかった。では、私たちの支援活動は戦争後のイラクの復興にどのような意味を持っているのだろうか。

❶ 今も続く武力衝突

　戦後半年ほどの段階でイラク警察が再編成され、それ以降、窃盗などの一般犯罪は確かに減った。主要な戦闘が終結したと宣言された2003年5月から約1年2ヵ月後の2004年6月末には、占領軍暫定当局(CPA)からイラク暫定政府に主権が委譲された。そして、2005年1月末の暫定国民議会選挙を経て、現在、憲法の草案が制定されようとしている。けっして順調ではなかったが、一応政治プロセスは進行しているように見える。

　しかし、その一方で行政サービスの立て直しは遅れ、水や電気などの生活基盤の復旧も大幅に遅れている。経済制裁の時代から続いていた国連の「食糧のための石油」プログラムによる食糧配給は、商務省の管轄に代わって継続しているものの、この配給が滞った場合にはイラク国民は深刻な食糧危機に陥ると言われている。産油国でありながら、ガソリンの不足も続いていて、市民生活に影響が出ている。これら生活基盤の復旧の遅れは、戦争後の一時的な混乱と見るには長すぎる期間にわたって続き、人々の間には不満が鬱積している。

　更に大きな問題は、武力衝突や民間人を巻き込んだ爆発事件などが続き、治安が悪化していることである。これには、占領体制に反発し、駐留を続ける多国籍軍とその協力者と見られる民間人に攻撃を仕掛ける武装勢力の動きが活発化し、巻き込まれた民間人の犠牲をいとわないほど凶悪化していること、また武装組織の活動を抑える目的で行なわれるイラク政府軍と多国籍軍による強硬な軍事作戦の結果、民間人の犠牲者が増えるという両面がある。

　また、2004年4月以降には外国人を対象にする誘拐、人質事件が相次ぎ、外国の民間人は中立を旨とする人道支援団体の職員といえども安全の保証がなく、イラク国内への立ち入りが難しくなっている。

　国際NGOの関係者にとって最初の転機となったのは2003年8月19日の国連バグダッド本部事務所の爆破事件だった。しかしその後も攻撃は止まず、同年10月の赤十字国際委員会のバグダッド事務所爆破事件により人道支援機関も武力攻撃の対象とされることがより明確になった。

　その後、2004年4月以降にファルージャ、そしてナジャフでの軍事衝突に

より治安が悪化して、国際NGO関係者の国外一時退避の動きが加速した。この時期の人質事件続発も治安悪化の表れと見ることができる。

更に国際NGOの国外退避の動きが決定的になったのは、2004年9月(イタリア人NGO職員2名ほか)と10月(イラク国籍のマーガレット・ハッサンさん)と立て続けにNGO関係者が誘拐事件の直接の被害者となる事件が続いてからのことだ。この時点になって、人道支援活動の中立性、公平性がイラクの市民社会の中で活動する支援関係者の安全を担保できなくなったと言える。そして現在は、イラク市民の間でさえ、互いの信頼関係を確保するのが難しいほどに治安が悪化している。

2 被爆国日本のNGOとして

JVCは、2003年の戦争直後に他の国際NGOと連携していち早くバグダッド入りし、イラク赤新月社の母子保健病院に看護師を派遣するなど、戦争被災者のための緊急医療支援を行なった。2003年7月以降はこれらの緊急支援が一段落し、中・長期の復興支援につながる動きとして、バグダッド市内の最貧地区への給水支援や医療支援、ストリートでの生活を余儀なくされている子どもたちの保護施設への支援などを、他の国際NGOとの共同で推進しようとしていたが、その時期に国連バグダッド本部事務所の爆破事件が発生した。その結果、国連機関のみならず国際NGOも安全管理の必要上から活動の規模を縮小するか、目立つ形での活動を控える傾向になり、他の国際NGOとの連携を必要とするような中・長期の計画を中止せざるを得なくなった。

それ以来、JVCは小児ガン・白血病に苦しむ子どもたちに対する医療支援に焦点を定めて、継続してこの分野の支援に携わっている。これには、JVC単独で取り組める活動で、かつ緊急支援としてのニーズが高いという理由に加えて、これらの難病がイラクでの戦争で使われた放射能を持つ劣化ウラン兵器との関連性が疑われていることから、被爆経験を持つ国の日本のNGOへの期待の高さもあった。

その後の治安状況の悪化から、2004年4月以降はイラクの隣国ヨルダンに

爆破されたバグダッドの国連事務所（2003年）

活動の拠点を置くことになり、日本人スタッフのイラク国内駐在は不可能となったが、バグダッド在住のイラク人協力者の助けを得て支援活動を継続している。

　2004年4月に発生した日本人が人質とされた事件の際に、被害者の中に人道支援活動を目的としてイラク入りした者が含まれていたこともあって、イラクでの人道支援活動に対して、治安状況の判断に批判を含むさまざまな議論が日本国内で生じた。私たちの活動についても100％の安全を求めることはできないが、治安状況の判断に際しては他のNGOや国際機関などの情報も参考にしながら可能な限り情報を収集し、現場と東京の本部事務所との連絡を密にして万全を期している。

　このように、現場が事実上の戦争状態にあることとスタッフの関与が限定的にならざるを得ないのが現在のイラクでの活動の特徴である。

3 イラク市民社会とどうつながるか

　今のイラクの治安状況では、国際NGOのスタッフが現場に容易に立ち入ることができる状況にないことは残念だが、それは全く支援ができないということではない。JVCは現場に足を運んでいた時期からの人脈を生かして、支援先の病院の医師や関係者との連絡を密にしており、かつて運転手や通訳を務めてくれた協力者が今でも協力をしてくれる体制になっている。

　他の国際NGOもイラク人のローカルスタッフに頼りながらプロジェクトを遂行している。しかし、そのような形で国際NGOの活動に協力するイラク人も、場合によっては国外の反対勢力に協力する者という疑いをかけられて、襲われる危険を感じることもある。スタッフの安全には細心の注意が必要だ。

　このように協力者やスタッフの生命の安全に配慮しながら活動することは当然、活動の制約になる。また、隣国からの指示でプロジェクトを進める期間が長期化するにしたがって、現場に関する知識と感覚が古くなることも往々にしてあり、現場の状況をなかなかつかめない焦りを感じることもある。しかし、国際スタッフが現場入りできないことは、一方で現地スタッフの能力を最大限に活用する良い機会であるとも言える。JVCでも他の国際NGOでも、現場での活動の権限を大幅に委譲して、現地スタッフの能力を最大限に活用している。この結果、元国際NGOの現地スタッフが独立してイラク国内で別のNGOを設立した例もある。

　治安情勢によって人道支援団体間の調整はどのように変化しているのだろうか。イラクの人道支援に携わるNGO間の調整の場としては、NCCI（イラクにおけるNGO調整委員会）がある。NCCIは2003年4月以降にイラクの現場で活動する主に国際NGOの間の支援調整機関として発足した。しかし、2003年8月の国連バグダッド本部事務所の爆破事件の後、NGOの間で表立って共同作業を進めることが困難となった。2004年には国際NGOスタッフの国外退避が相次ぎ、2005年の現在では、国際NGOの間のプロジェクト調整機能は主に国連の分野別支援会合に任せるようになっている。

　そしてNCCIでは、NGOの支援現場から上がる問題点を集約して、イラ

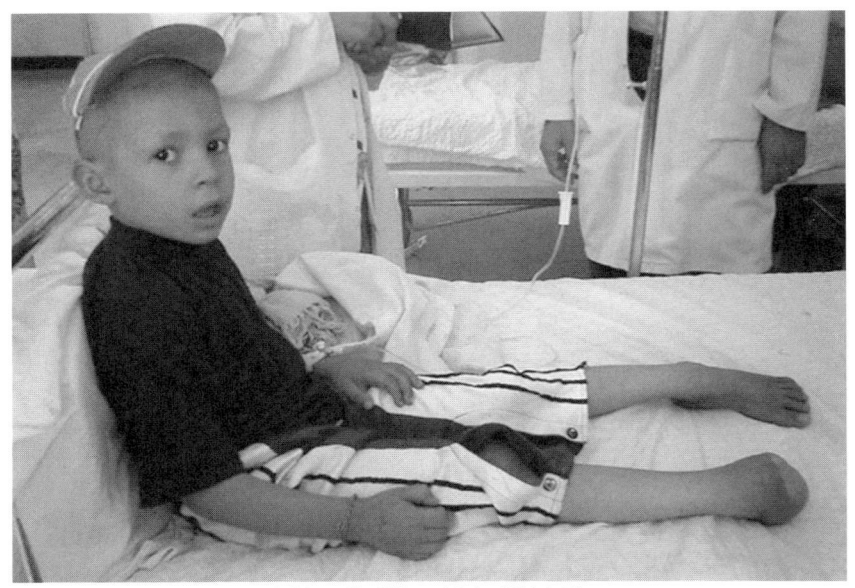

劣化ウラン弾の影響か、白血病で入院した少年

ク内外の政府当局や国際機関、その他国際社会に対して政策提言を訴える機能(アドボカシー)を強化すると同時に、イラク国内の市民社会を育成する取り組み(キャパシティー・ビルディング)を強めている。具体的にはイラク国内NGOの加盟を促進すること、そしてこれらの国内NGOと国際NGOのイラク人ローカルスタッフへの研修である。

4 軍と人道支援——問われる人道支援の中立性・公平性

先に、現場が事実上の戦争状態にあることと、それによって人道支援関係者の関わりが限定的にならざるを得ないことが、現在のイラクの人道支援活動の特徴であると述べた。このことを国際NGOの間では人道支援領域の縮小という概念でも捉えている。人道支援領域とは、「必要とする人々に保護や支援を人道支援機関が与えることのできる領域」と定義できる(2005年6月NCCIワークショップでの定義)。

この概念の縮小が意味するのは、イラクの国内に人道支援者が入ることが

難しいということだけではない。活動地域に入ることができないという地理的・物理的な制約も含まれているが、活動地域に入ることができても人道支援活動の中立性・公平性という行動規範を守ることが難しい状態に置かれ、支援を継続することが困難であるという状態も意味している。

　従来、紛争地においては、紛争当時者が明確で、それらの敵・味方関係のいずれにも与せず人道主義的な価値を行動規範とすることが中立の証となり、紛争当事者からも認められて活動ができた。国際赤十字などはその典型的な例である。

　しかし、イラクではその国際赤十字でさえ攻撃の対象となったことが象徴するように、人道支援の中立性が認められないという状況が生じている。イラクでは、誰が敵で誰が味方であるのかを区別することが難しい。多国籍軍やイラク軍、警察などの武装組織、治安維持組織も、それに対抗する武装勢力もそれぞれが一枚岩ではない。そこに民間の軍事請負会社や警備会社も混じっているから、事態はいっそう複雑になる。

　これらの「軍事」に対して「民事」の分野でも、イラク復興をビジネスと捉える民間会社があり、非営利の人道支援団体とこれらの営利会社の区別が難しくなっている。

　更に事態を複雑にしているのは、軍隊組織が人道支援活動を行なうケースが出ていることだ。紛争地域において人道支援関係者が活動の拠り所とするのは、受益者との信頼関係にある。武器を持たずに地域社会の中に入り、人道主義的な価値を行動規範とすることによって相手の信頼を得、同時に相手に守ってもらうこともできて、初めて身の安全を図ることができる。しかし軍隊組織では、武器を持つことによってこの基本的な要件が疑われることになる。その上、武器を持ったままの人道支援活動となると、表面的な活動を見る限りでは軍隊組織と非武装の人道支援団体の間の区別が難しくなり、人道支援団体が軍関係者であると誤って判断される恐れも高まる。このように、軍が人道支援に関与することによってかえって治安の悪化を招き、人道支援担当者に危険を及ぼすことが危惧される。

　他にも、軍隊組織が人道支援活動を行なう場合は、軍事的な目標達成が優

先される恐れがあること、また軍隊は自己完結的な組織ゆえ地域の雇用には貢献しないこと、人道支援活動の目的に照らして非効率であることなどの問題点が挙げられる。

人道支援領域の縮小の一例として実際に起きたことを見てみよう。2004年11月には翌年1月末に予定されていた暫定国民議会選挙前の治安安定を狙い、「武装テロ勢力」の掃討を名目に米軍とイラク暫定政府による大規模な軍事作戦がファルージャで展開された。この攻撃によって最大時で20万人もの周辺地域への避難民が発生したほか、戦闘により6000名以上の犠牲者が出たとも伝えられている。

この作戦の際には、最初の攻撃目標がファルージャ総合病院となり、攻撃後は病院が占拠され軍事作戦の拠点として使われることによって傷病者が適切な治療を受けることが困難となるなど、人道上の問題が生じている。また、攻撃の段階でファルージャ市内への人道支援関係者の立ち入りが制限されたり、救急車両が撃たれるなどして、人道支援物資の配給や負傷者の救護活動に支障が生じたことが現場のNGOから報告されている。

このように人道支援関係者が現場に立ち入ることが制限されたり、攻撃を受けるケースはファルージャ以外でも繰り返し報告されている。

5 緊急対応(Watch & Action)

イラクでの支援活動はJVCでは「緊急対応」と位置づけられている。

イラクの治安情勢が悪化し、それと並行するように生活基盤、社会基盤の復旧が遅れる中で、支援を必要とする緊急事態がいつまでも終わらず半ば常態化している。このため、小児ガン・白血病の子どもたちの医療支援プロジェクトも「緊急支援」を銘打ちながら活動を継続している。このように一定期間にわたって支援を必要とする事態が継続することが見込まれる状態があれば、ある程度の予測を持って対応することになる。

一方で、ファルージャ危機の例のように、軍事作戦によって引き起こされる人道的危機は、突発的な危機で、事前に予測は難しい。しかし危機が発生した際には即応性が必要で、いち早く救援の対応を整える必要がある。この

ような事態は「緊急対応」という概念に当てはまる。

　このため、通常の支援活動を続けながら、常に支援先の情勢を把握しておき（Watch）、危機が発生した際には迅速な対応を取ること（Action）が必要になる。ただし通常の支援活動のベースがないところで、緊急事態のためだけに待機する活動形態はとれず、実際にそのような状態でいざという時に緊急対応の作業を行なうのは困難である。イラクでの支援活動の場合、現状では隣国からの限定的な支援を余儀なくされているために、通常の支援活動を行なう中でも現場の情勢把握に困難があるが、緊急対応の際にはなおさらである。

　このような困難を抱えながらも、JVCでは、より現場に近いバグダッド在住の協力者や、実際に現場にスタッフを抱えるNGOの協力を得て、2004年4月と11月の2回のファルージャ危機の際には避難民に対する医薬品や食糧配布などの緊急支援を実施している。残念なことだが、イラクの治安情勢が改善されない中で、今後も戦闘の激化とそれに伴う人道上の緊急対応が必要とされる局面が生じることが予想されるので、必要に応じてこうした形の緊急対応を取っていくことになる。それと同時に、こうした人道的な危機を生まないために、現地の人々に代わってイラク当局はもちろん国際社会に訴えてゆく努力も必要となろう。

6 イラク"復興"支援とは？

　これまで見たように、治安状況を見る限りは、イラクはまだ事実上の戦争状態の中にあると見られ、紛争終結後の復興段階への道のりは遠いと言わざるを得ない。そのために、支援を必要とする緊急事態も継続している。支援の現場の担当者の立場から見れば、悪化する治安条件の中で、スタッフ（イラク人協力者も含む）の安全を図りつつ現場のニーズに合ったより良い支援をいかに続けるかが知恵の絞りどころになる。

　しかし、治安の悪化には理由があり、構造的な問題があることにも眼を向ける必要があろう。背景には米国など大国や周辺国の政治的な思惑があり、またイラク国内でも政治、宗教、民族の上でさまざまな権利や主義主張があり、これらが平和的にまとまるにはまだまだ困難が予想される。これらの課

題に、私たちがイラク市民社会のパートナーとしてどのように関わっていけるのか、あるいはいけないのか。

　1つのポイントとなるのが貧困と経済格差の問題だろう。隣国のヨルダンでもイラクからの移民・難民が増え、正確な統計はないが一説には50万人になろうとも言われている。これらのイラクからの移民・難民の生活実態を見ても、経済的に恵まれた少数と、貧困にあえぐ大多数の構造が作られ、しかも拡大しているように見える。改めてイラク国内に眼を向けても、私たちの支援対象であるガンや白血病の子どもたちの中には貧困が原因で病気の治療継続が困難となるケースを多数見聞きしており、イラク戦争後に自由主義経済の影響が強まると共に富裕層と貧困層の間の格差が拡大する傾向が見られる。今後治安状況が安定すると仮定しても、これらの経済格差に眼をつぶって「復興」支援に邁進するならば、むしろ今後とも弱者救済のために人道支援を必要とする構造は拡大するのではないかと危惧する。

　この構造を変えることなくしては、支援の終わりどころは見えない。グローバルな経済構造の中では日本は経済大国の側に位置するだけに、その日本のNGOとしてイラクの市民社会の中にどう関わっていくのかが課題になる。

第3章　パレスチナ、誇りと希望を胸に

藤屋リカ

1．和平プロセスの崩壊と9.11以降

■1 和平プロセスの実態

　1967年の第3次中東戦争でイスラエルが勝利して以降、パレスチナ人が居住するヨルダン川西岸地区、ガザ地区および東エルサレムは、イスラエルの占領下に置かれた。1993年の「オスロ合意」によって、イスラエルとPLO（パレスチナ解放機構）は互いを交渉相手として認識し和平交渉が開始され、パレスチナ問題解決の糸口になるかと思われた。しかしパレスチナ暫定自治政府が発足したものの、パレスチナの立場はイスラエルに比べて政治・経済等何をとっても圧倒的に弱かった。暫定合意の内容は、パレスチナ側が重要課題としていたパレスチナ難民の帰還、ヨルダン川西岸地区・ガザ地区・東エルサレムに存在するイスラエル人入植地、水の配分、エルサレムの位置づけなどの問題は最終交渉に持ち越され、事実上、棚上げとなった。またパレスチナ自治政府も、汚職や一部の人々への権力や富の集中などの問題を抱え、一般のパレスチナの人々の期待に応えるものとは言い難かった。

　「オスロ合意」に基づくイスラエルとパレスチナの交渉は、2000年9月のキャンプデービッド会議によって決裂した。イスラエル側が出した最終案は、パレスチナ人が望んできた独立主権国家とはかけ離れており、希望を断ち切

イスラエル軍による破壊の跡を学校に通う子どもたち(ジェニン、2002年)

るものであった。

　2000年9月28日、シャロン現イスラエル首相(2005年9月現在)が、エルサレム旧市街のイスラームの聖地、アル・アクサ・モスクのある広場に踏み込んだことをきっかけに、長期にわたる占領の終結を願い、自由と解放を求めて忍耐を重ねてきたパレスチナ人の怒りや苦しみが爆発し、アル・アクサ・インティファーダ(インティファーダ＝民衆蜂起)が始まった。以降、イスラエルとパレスチナの衝突は続く。「暴力の連鎖」により、双方に多大の死傷者が出ており、犠牲になっている多くは女性や子どもを含む市民である。

　アル・アクサ・インティファーダの勃発により、イスラエル社会においては「安全」の確保が最大の関心事となった。2001年春の選挙においては、安全保障とパレスチナ武装勢力の一掃を主張したシャロンが勝利し、首相となった。そして、パレスチナ過激派組織による自爆攻撃、イスラエルによる報復攻撃と「暴力の連鎖」はエスカレートしていく。9.11以降「テロとの戦い」という言葉が、イスラエル政府によっても頻繁に用いられるようになっ

た。「テロの一掃」を掲げ、2001年秋以降パレスチナ自治区内への軍事侵攻が繰り返された。そこで犠牲になった多くは一般のパレスチナの人々だった。水道・電気といったライフライン、行政機能を持つ自治政府の建物、空港、学校、病院等も破壊された。

2 ガザ撤退と西岸地区の「壁」

　2004年秋のアラファト議長の死去に伴い、翌年1月にはパレスチナ議長選が行なわれ、アッバスが議長に選出された。新議長のもと、イスラエルとパレスチナの直接交渉は再開されたが、イスラエルの一方的な政策の遂行は続いた。

　2005年8月、イスラエルはガザ地区と西岸地区北部の一部入植地から撤退し、ガザ地区ではイスラエル軍も撤退した。この撤退は歓迎されるべきことではあるが、これはイスラエル政府の一方的決定であり、パレスチナ自治政府との交渉によるものではなかった。ガザ地区のパレスチナ人は約400平方キロメートルの地区内については自由に移動することができるようになった。しかし、ガザ地区の境界、空、海についてはイスラエルが管理を続けている。人口の6割以上が1日2ドルという相対的貧困ライン以下での生活を強いられているガザ地区の人々の生活を左右する、ガザ地区への物資や人の流出入は、依然としてイスラエルの管理下にある。

　一方、イスラエル政府は、2002年6月以降西岸地区に「壁」の建設を続けている。イスラエルはこの「壁」を「安全」のための柵(セキュリティ・バリア)と呼び、「テロリストの攻撃からイスラエル国民を守る」ためのものとしている。しかし、「壁」は占領地である西岸地区や東エルサレムに存在する入植地をイスラエル側に取り込み、パレスチナとイスラエルの境界であるグリーンラインを越えパレスチナ側に食い込んで建設されている。そのため、パレスチナ人は土地や水源を奪われ、「壁」によって西岸地区のパレスチナ人社会からも隔離されて日常生活における移動が困難になった人々もいる。パレスチナ側はこの「壁」を「人種隔離の壁(アパルトヘイト・ウォール)」と呼ぶ。

2004年11月、国際司法裁判所は、この分離壁は国際法に基づく判断において違法との見解を示し、イスラエル政府に対し「壁」建設の中止と土地を奪われたパレスチナ人への補償を勧告した。しかし、その後「壁」のルートの変更は一部あったものの、建設そのものは着々と進み、地区内は入植地やバイパス道路によって細かく分断された状態が続いている。

2．NGOはどう動いたか

■1 援助のあり方を問う

　パレスチナでは、大規模な活動を展開するものから特定の地元NGOを支援するものまで、大小さまざまな規模の国際NGOが活動している。国際NGOの連合体であるAIDA(Association of International Development Agencies)に登録しているNGOだけで70以上ある。AIDAは調整機関としての役割を担い、特に緊急救援においては、各国際NGOが協力して最も迅速にニーズに沿った援助ができるように調整の場を設定した。JVCもAIDAのメンバーとして登録している。

　長い占領下においてパレスチナではさまざまな市民運動が生まれ、医療、農業、教育、水、人権などあらゆる分野において団体やネットワークを形成してきた。特に2002年のイスラエルの軍事侵攻以降、これらはパレスチナの人々の最低限の生活を守るための役割を果たした。地元NGOはその代表的な存在である。大手の地元NGOの多くは国際NGOと協同してのプロジェクトを展開してきた。

　2003年、赤十字国際委員会はパレスチナにおける食糧援助を中止した。国際人道法に則り任務を遂行する同委員会の立場は明らかだった。占領地(西岸地区、ガザ地区、東エルサレム)においては、占領者(イスラエル)がその責任を負うべきであり、食糧援助の継続は占領者の義務を肩代わりしていることになる、との判断だった。

　しかし、パレスチナ人の35％は食糧援助に依存しなければならない状況で

あったし、人口の半分以上は1日2ドル以下という相対的貧困ライン以下での生活を強いられていた。食糧援助が止まって苦しむのは、一般のパレスチナ人に他ならないのである。これは援助に関わる誰しもが感じるジレンマとも言える。

　赤十字国際委員会による食糧援助は中止になったが、その分は国連の世界食糧計画が担い、最低ラインの生活を送る人々が餓死するような事態にはならなかった。この決定は紛争地での援助のあり方において考えさせられるものであった。

2「テロ」という言葉
　前述したとおり、9.11以降「テロとの戦い」の名の下にイスラエル軍による侵攻は繰り返され、「テロリストから自国民を守る」として西岸地区に「壁」が建設されている。それらの犠牲になったのは一般のパレスチナの人々だった。

　9.11以降、「テロ」という文脈において一般のパレスチナ人の生活は困難になってきていると言えるだろう。しかし、それと同時に、9.11の起こる1年も前からイスラエルとパレスチナの和平交渉は暗礁に乗り上げ、両者の衝突は始まっていた事実も認識しておかなければならない。

　「テロとの戦い」と同様に、「貧困はテロの温床である」など、さまざまな場面において「テロ」という言葉が多発されている。しかし、「テロ」があろうがなかろうが、貧困やパレスチナ問題は解決されなければならないものであり、あたかも「テロ」をなくすためと言わんばかりに貧困やパレスチナ問題が語られるのは本末転倒である。「テロとの戦い」が声高に叫ばれ、その下での行為によって「暴力の連鎖」が引き起こされてはいないだろうか。また「テロ」という言葉は、使う人々それぞれが共通の認識を持って用いているようには思えない。「テロ」という言葉に翻弄され、問題の本質を見失ってしまう危険性を感じることもある。

3．JVC のパレスチナにおける活動

　JVC は1992年からパレスチナでの活動を継続している。占領下にあるパレスチナの人々の人権を擁護するために、農業開発支援、村落部における医療支援から活動を開始した。「オスロ合意」以降、平和教育へと活動を転換していったが、2002年春以降は紛争の激化に伴うパレスチナの人道状況の悪化から、緊急人道支援へ活動の重点を移した。国際 NGO やパレスチナ、イスラエルの NGO と協力し、食料・医薬品配給および巡回診療活動を支援、また医療専門家を派遣した。

　長期化する紛争下での活動であり、プロジェクトの長期的な見通しが立ちにくい面もある。その中で JVC は、
❶ガザ地区での子どもの栄養改善支援。
❷西岸地区ベツレヘムの難民キャンプの子ども文化センターへの支援の継続。
❸イスラエルとパレスチナの医療系 NGO が共同で行なう巡回診療に専門家を派遣し、信頼醸成のための活動を支援し日本社会にも発信する。
　といった活動を続けている。

　こうした活動を通して、JVC はパレスチナで、占領下において生命の安全、移動の自由、経済活動の自由、医療・教育へのアクセスなど奪われ、弱い立場にあるパレスチナの人々が尊厳を保ち、パレスチナ・イスラエルの人々が互いに信頼関係を築き、公正な対話ができるよう支援することを目指している。以下、パレスチナにおける JVC の活動の一端を紹介する。

■1 ガザ地区での子どもの栄養改善支援
■プロジェクトの経緯
　ガザ地区での子どもの栄養改善支援のきっかけは、2002年に行なわれた栄養調査の結果だった。特にガザ地区の子どもの栄養失調は深刻で、5歳未満の子どもの13.3％が急性栄養失調、17.5％が慢性栄養失調、44％が貧血という結果だった。アメリカの NGO が中心になって、2003年2月に子どもの栄

養改善を目的として、ガザ地区の幼稚園児に西岸地区で生産された牛乳を配るプロジェクトができ、JVCも参加した。

　1家族の子どもの平均人数が約7人のガザ地区では、家庭で年少の子どもが確実に続けて栄養をとることは容易なことではない。パレスチナでは、小学校に入学する1年前に子どもを幼稚園に行かせることが多いので、地元のNGOによって運営され、困窮家庭の子どもたちも受け入れている幼稚園で、子どもたちに1日1パックの牛乳を配るプロジェクトを開始した。これで1日に必要なたんぱく質の30％とカルシウム等の貴重なミネラルを補うことができる。

　この牛乳は西岸地区のナブルスにある地元の慈善団体が経営する牛乳工場で生産された長期保存可能なものである。牛乳そのものはナブルスの酪農家から集められたもので、西岸地区内で生産された牛乳を支援物資として買い取ることが、壊滅状況にあるパレスチナ自治区の産業を活性・維持する一助となっている。

　西岸地区から分断されているガザ地区に物資を運搬することは容易ではなかったが、国際NGOの機動性を活かし、さまざまな手続きを踏んだ上で可能となった。

■子どもたちの栄養状態の改善

　2003年9月からは牛乳に加えて鉄分を補給した高栄養ビスケットの配給が始まり、対象人数も2300人に増え、JVCはその内の600人を担当した。新学期プロジェクト開始直後の2003年10月と2004年5月を比較すると、貧血の子どもの割合は27.3％から18.6％に、慢性栄養失調8.6％から6.4％に減少した。また、園児、幼稚園の先生、母親たちへの栄養教育プログラムも始まり、総合的な取り組みとなってきた。

　2004年9月からは全体の対象人数は1万人以上になり、JVCはその内の500人を担当した。2004年9月からの新学期には、幼稚園の先生や母親から、子どもたちが幼稚園で補助食を取るようになってからの具体的な変化について聞き取った。特に変化が感じられる点として、「顔色がよくなった」「体重

が増えてきた」「元気が出てきた」「幼稚園を休むことが減った」「集中力がついてきた」などが挙げられた。

■栄養改善への取り組みの効果の持続性

2004年9月のこのプロジェクトでの栄養調査の結果、栄養状態は改善されたものの、貧血の問題を抱える子どもたちは支援対象の2割近くにものぼることがわかった。そこで貧血対策として2005年2月より鉄分強化牛乳に切り替えることにした。この栄養強化牛乳生産の技術はパレスチナにおいて初めてのものだった。

健康教育も強化された。幼稚園での子どもたちへの保健教育が充実してきた。また母親対象に栄養中心の内容の健康教室も開催した。母親たちは、子どもの貧血の兆候、幼少期におけるカルシウム摂取の大切さ、安価で手に入りやすい食材による栄養豊富な調理法などについて学ぶことができた。教育内容のシステム化にも取り組み、栄養・衛生面に関する内容も含めた幼稚園児向けの教材（人形劇、塗り絵、ゲームなど）を開発、それらを製作して幼稚園に配布した。また対象幼稚園の教師にトレーニングを実施した。

■地元産業を支える

このプロジェクトの特徴の1つは、地元の生産物を使うことにある。

2002年夏、JVCは緊急支援の一環として、1ヵ月以上の外出禁止令が続く西岸地区ナブルスで、地元からの要請を受けて他の国際NGOと共同で食料支援を実施した。イスラエル軍の許可を取り、ナブルス市内の配給センターまで物資を届けた。そこで緊急委員会のメンバーから、緊急支援物資に地元生産物を使ってほしいとの依頼があり、牛乳工場に案内された。そこは西岸地区で唯一長期保存可能な牛乳を生産できる近代的な設備を持つ工場であるにもかかわらず、状況悪化のために倒産寸前だった。その次からの食料支援には、この工場で生産している長期保存可能な牛乳を使用した。

この時一緒に牛乳工場を訪ねたアメリカのNGOの若いスタッフによって、現在の栄養改善支援につながる「牛乳プロジェクト」が立案された。彼は

「この牛乳をガザの子どもたちに飲ませてあげたい」と言い、数日後にはプロジェクト提案書を書き上げた。

　それから約2年経った2004年5月、この牛乳工場を再び訪れた。まだ最大稼働量の約半分とはいうものの、工場は活気に満ちていた。従業員がいきいきと働いていたのが印象的だった。従業員は30人から54人に増え、工場が抱える酪農家の数も倍増、20の牧場と牛2、3頭を飼いながら収入を得ている小規模の酪農家約200人から牛乳を買い取っていた。酪農家の男性は、「定期的に牛乳を買い取ってもらえて収入が安定したことと、子どもたちが喜んで飲んでいることで二重に嬉しい」と語った。

■地元生産物を使う意義の分析

　地元で生産されている長期保存可能な牛乳は安価ではない。牛乳1リットルに換算すると、欧州諸国で生産されパレスチナでも入手可能な粉ミルクの約1.4倍の値段になる。牛乳は粉ミルクに比べ重くかさばるので輸送や保管のためのコストもかかる。しかし、子どもたちの栄養のためのお金がどこに行き着くかを考えると、粉ミルクの場合は多国籍企業や先進国の巨大な農場と簡単に予想がつく。それに対して地元生産物の売り上げは、長引く紛争によって経済危機に陥っているパレスチナの酪農家や牛乳工場の労働者の収入につながっている。

　ナブルスの牛乳工場でのインタビューを元に、長期保存可能な牛乳を生産するためのお金の流れの内訳を分析した。
- 牛乳(酪農家の売り上げ)：43%
- 牛乳工場労働者の賃金：31%
- 牛乳パック用特殊紙(輸入)：17%
- その他（水道代，光熱費等）：9%

　つまり、長期保存可能な牛乳のコストの少なくとも74%は地元の収入へと還元されている。具体的には、JVCがこのプロジェクトで子どもたち600人分の牛乳代金として1年間に支払った金額は約440万円だが、その内の約325万円は同時にパレスチナの人々の収入につながっている。

牛乳生産に関わる人々の側面から見ると、この牛乳工場では20の牧場で働く約100人と小規模酪農家200人を抱え、工場では54人が働いている。牛乳の売り上げは354人の収入へとつながり、一家6人とすると約2000人の生活の糧になっている。このプログラム全体では1万人以上の子どもたちに1日250ccの牛乳を提供しているので、少なくとも1日2.5トンの牛乳を用いていることになる。工場全体の1日生産量は牛乳に換算して19トンなので、このプロジェクトでの牛乳の量は工場全生産量の約13％になる。1万人分の子どもの栄養としての牛乳は、約260人分の生活の糧を生み出している。
　栄養量だけで見ると粉ミルクの1.4倍もする牛乳だが、お金が誰のために使われるか分析を進めると、地元の人たちの生活の糧になり人々が尊厳と希望を持って仕事をしていくために使われていることが見えてくる。

■ガザではなぜ牛乳を買わなければならないか

　2004年、このプロジェクトの拡大にあたり、西岸地区でも同様のプロジェクトを行なうかどうかを検討するために、特に経済状況の悪い南部の村落部を訪ねた。結論はこのプロジェクトを行なわないということだった。最大の理由は、山羊や羊、数は少ないが牛を飼っている人もいて、十分な量ではないかもしれないが自家製のチーズやヨーグルトを作っている家庭も多く、そこへパックされた牛乳を大量に持ち込むことで村人が続けてきた生活を崩してしまうことが懸念されたからだった。西岸地区内の移動封鎖も懸念事項の1つだった。
　しかし、ガザ地区は同じパレスチナでも状況が異なる。ガザ地区のパレスチナ人の8割以上は難民で、1948年の第1次中東戦争で現在イスラエル領になっている地域から追われてきた人々やその子どもや孫になる。多くは現在も土地を持たず難民キャンプに住んでいる。難民になる前は農業や牧畜を営んでいた人が多いが、世界一人口密度が高いと言われるガザ地区の難民キャンプではそれは不可能である。「なぜ」ガザ地区の子どもたちに牛乳なのかという問いに立ち戻ると、難民という根本的な問題にも行き着いた。

　＊ガザ地区子どもの栄養改善支援における分析については、トヨタ財団の個人研究助成

の一部によって実施した。

2 西岸地区ベツレヘムの難民キャンプの子ども文化センターへの支援
■プロジェクトの経緯

　ベツレヘムのベイトジブリン難民キャンプのハンダラ文化センターは、1999年の終わりに難民キャンプの人々によって設立された。難民キャンプの中には子どもが遊べる公園などなく、道路とコンクリートの路地、重なり合うように立て込んだ家々、土が見える場所さえ限られている。古い空き家の提供を受けて始まったハンダラ文化センターは、キャンプの中で子どもが集まって遊べる場所となった。JVCは2000年初頭からハンダラ文化センターを支援し、センター内に平和図書館を作った。

　しかし、2000年にアル・アクサ・インティファーダが始まり、イスラエル軍の駐屯地に近いベイトジブリン難民キャンプの周辺でも銃撃戦が起きて、センターも一時封鎖された。その後、センターは再開したが、紛争の激化の中、センターの活動は中断することも多かった。それでもスタッフは可能な限り子どもたちのためにセンターを開け続けた。

　2002年、JVCは長崎の市民からの寄付によりセンターの1階部分を建て替え、2003年春には新しいセンターがオープンした。図書館も新しいセンターに組み込まれている。これがきっかけになり、センターのスタッフは自分たちで申請書を書き、活動資金作りに奔走し、2004年にはイギリスのNGOからの支援を受けて2階、3階、屋上部分も完成した。

　JVCは、2003年からセンターの活動の中でもサマープログラムの支援を続けている。夏の間、キャンプの青年や高学年の子どもがリーダーとなり、音楽やダンスなどの文化活動やキャンプ内の交流活動を子どもたちのために行なっている活動だ。将来を担う子どもたちが困難な状況の中でも、創造力を持ちながら、子どもらしく元気に活動でき、希望を見出すことにつながっていくことを目指し、またそのような活動をしている現地の人々を応援している。

サマーキャンプを楽しむ子どもたち(ヨルダン川西岸ベッサフール)

■ある少年の成長

　JVCが関わってきた活動を1人の少年を通して見ていきたい。

　センターができた1999年当時11歳だったM君は、学校が終わったら毎日のようにハンダラ文化センターに来て友達と遊んでいた。ゲームをしたり本を読んだり、センターでの活動にはほとんど参加していた。

　しかしアル・アクサ・インティファーダの勃発により、難民キャンプの近くでも衝突がおき、一時センターは閉まった。M君はイスラエル軍に対して石を投げに行き、兵士に撃ち返されたゴム弾によって頭に軽い怪我をした。その後、彼が石を投げに行くことはなかった。しばらくして、なぜ石を投げに行ったのか聞いたが、それらしい答えは返ってこなかった。ある時、「僕は怒っていた」とつぶやいた。

　2001年の秋、イスラエル軍はベツレヘムに侵攻、難民キャンプにあるM君の祖父の家にもミサイルが撃ち込まれ2階部分が全焼した。イスラエル軍が撤退した直後、センターの前でM君に会った。暗い顔をした彼が手に持って

いたのは、銃弾のかけらや薬きょうだった。「僕らに子ども時代なんてないんだ」そんなことを彼は言った。当時センターのリーダーをしていた20代の男性は「子どもたちが楽しめる活動があれば僕らは彼らを連れて行くし、子どもたちが恐怖から解放されるのであればどんな些細な遊びでも一緒にする」と真剣に語っていた。

　その後、2002年は外出禁止令でセンターは閉まったり開いたりの状態が続き、2002年後半は建てかえの時期もあったが、センターが開いている時にはいつもM君の姿があった。新しいセンターは2003年に完成。もちろんそこにはM君がいて、センターの活動を積極的に手伝っていた。2004年の夏、16歳になったM君はサマープログラムにリーダーとして参加した。年少の子どもたちのためのゲームを用意し、声をからして子どもたちと遊んでいた。彼は子どもたちの憧れのお兄ちゃんリーダーとなっていた。このサマーキャンプでは、M君をはじめ、センターが開始した頃に遊びに来ていた子どもたちが成長して青少年リーダーとなり大活躍した。

　2005年の夏、何とか子どもたちがのびのびと楽しく自由に遊べる機会を提供したいとのセンターのメンバーの願いから、難民キャンプを出て野外キャンプをすることになった。M君は17歳になり、今回もリーダーとして活躍。タブラ（パレスチナの太鼓）を叩き、年下の子どもたちをリード、ある時は一緒になって大騒ぎしていた。

　難民キャンプの子どもたちが置かれている状況は楽観できるものではないが、少なくとも銃声を気にすることなく野外で安心して活動ができ、子どもたちはのびのびと楽しむことができた。それには、厳しい状況にもかかわらず、センターのスタッフが地道に活動を続け、心理的にも資金的にも活動が続けられるための支援があったことが大きい。

　M君のような青少年リーダーの多くは、このようなキャンプを体験できずにきた。今はリーダーとなったが、彼らが子ども時代に体験できなかった分、今回のキャンプに参加している子どもたちと同じぐらい楽しんでほしい、とセンターのスタッフは願っていた。サマーキャンプの最終日の夜、子どもたちを無事に家に送り届けた後、M君たち青少年リーダーは徹夜で踊り語り明

かした。

3 信頼醸成のための活動の支援
■プロジェクトの経緯
　イスラエルのNGOとパレスチナのNGOの連携は、2000年のアル・アクサ・インティファーダ勃発以降、非常に困難な状況になった。その状況下、人々の人権を守るという視点に基づき、協力しながら地道に活動しているNGOがある。
　JVCは、2002年の緊急支援開始時期より「人権のための医師団―イスラエル」がパレスチナ人の人権、特に健康に生きる権利のために、パレスチナの医療系NGOと共同で行なっている巡回診療を支援している。日本人医療従事者が巡回診療に参加すると同時に、イスラエル・パレスチナ双方のNGOによる連携活動として日本に紹介してきた。
　パレスチナ側で「人権のための医師団―イスラエル」と協働関係にある主なNGOの1つは「パレスチナ医療救援協会」で、両者は、15年以上にわたる相互協力・連携の経験を持つ。またJVCも1997年および2002年には、「パレスチナ医療救援協会」との協力のもと、パレスチナ自治区での医療支援等を行なった。

■日本社会において共に考える
　この巡回診療は1回に150人から300人の患者が訪れ、医療スタッフも毎回20人を越える。継続的に関わったことで「人権のための医師団―イスラエル」および「パレスチナ医療救済協会」との信頼関係は深まった。しかし、この巡回診療に参加する医療従事者は非常に忙しく、その時々の医療・看護活動に追われ、お互いにじっくり話をするような時間さえ取れなかったという反省もあった。
　2005年度は、市民による相互連携の好例である彼らの経験を彼ら自身が日本でも紹介し、市民レベルの交流を通じて平和・人権・健康を共に考えていくことで双方のNGOとJVCの希望が合致、日本への招聘・交流の企画に

至った。協働関係にあるイスラエル・パレスチナのNGO活動を日本社会に紹介し、占領下／紛争地の人道状況とイスラエル・パレスチナの市民による草の根の活動についての理解を深め、同時にそのために市民が果たす役割について考え、中東和平における日本社会の役割を再考することのできる交流の場となるよう願っている。

　この地に住む人々が双方の主張を正当に議論し、自分たちの意志で将来を決めていくためには、弱い立場にある人たちが希望を失うことなく対等に交渉できるだけの力をつけていくことが必要不可欠である。双方の理解を深める草の根レベルでの活動が果たす役割も大きい。国際社会の理解と国際法に則る客観的な事実・判断を双方が受け入れ、和平のステップとなるような働きかけも重要課題である。

　長引く占領／紛争下、希望を見出すことさえ難しいパレスチナの状況だが、誇りと希望を失わず地道に仕事を続けている人々がいる。また対立構造の中、難しい立場にありながらも、圧倒的弱い立場におかれている人々の人権擁護のために活動を続けている人々もいる。彼らと共に助け合い、学び合いながら活動を続けていきたい。

第III部
地域を作る

第1章　農というそれぞれの地の生き方に向けて

壽賀一仁

１．21世紀初頭の世界と農村

　私は今、この原稿をインド南東部の町チェンナイで書いている。なぜかというと、訪問予定だった都市スラムの女性グループの活動地(アーンドラ・プラデシュ州)がサイクロンに襲われて、足止めをくってしまったのだ。一晩に200ミリもの大雨で冠水した空港は閉鎖、道路や鉄道も各地で寸断されてはどうしようもない。一方、テレビのニュースは、先日ニューオリンズの大洪水などハリケーン「カトリーナ」で甚大な被害を受けたアメリカ南部に再び大型のハリケーンが接近し、人々が避難を始めたことを告げている。

　本稿の目的は、JVCが2000年に出版した20周年記念の前作『NGOの時代』を補完するために、その後の５年間の農村を取り巻く状況変化とJVCの農村開発活動を振り返り、21世紀初頭の世界における新たな戦略とビジョンを提示することである。とするならば、まず状況変化の筆頭にこうした異常気象の頻発とそのスケールの大きさを挙げなければならないだろう。大雨や旱魃はもちろん昔からあるが、今世紀に入って世界中で発生回数が増え、かつ規模が大型化していることは実感せざるを得ない。近年の台風や大雨による水害の頻発、今夏前半の四国・早明浦ダムの枯渇などその傾向は日本でも顕著だが、昨年のインドシナ地域の深刻な雨不足、2000年にモザンビーク

を襲ったサイクロン「エリーン」、2001～02年の南部アフリカ大旱魃など JVC の活動地も状況は同じである。

　しかし、今世紀初頭の変化は気象だけではない。私は９月初めまでアフリカ南部のジンバブウェにいたが、そこでは狂乱物価と物不足で人々は大変な苦境にあり、ガソリンスタンドをはじめ至る所に生活物資を求める行列ができていた。その根本原因は政府の経済運営失敗と輸入に必要な外貨の不足だが、今回状況が一気に悪化したのは世界的な原油価格高騰の影響である。行列のあまりの長さにパンを買うのをあきらめた私もトイレットペーパーは買いだめしたが、それはまさに1973年の石油ショック以来の経験だった。

　ハリケーン「カトリーナ」がアメリカの石油精製の大半を支えるメキシコ湾岸の施設に大きな被害を与えたため、原油価格は一時１バレル70米ドルという史上最高値をつけ、日本ではガソリンが１リットル130円を超えた。しかし、そもそもここ数年、経済発展に沸く中国の需要増大で原油価格は上昇基調にあり、当の中国はアフリカの産油国に政治経済的接近を図る一方、日本と権利を争う東シナ海の天然ガス開発にも手をつけるなど、エネルギー確保のための外交をしゃにむに進めている。また振り返れば、9.11同時多発テロ事件後の対アフガニスタン戦争は中央アジアの石油パイプラインルート、続くイラク戦争はイラクの油田そのものをアメリカのコントロール下におくことが主要な目的の１つであったことは、今や周知の事実である。

　ここに明らかなように、今世界では石油などのエネルギーをはじめ、さまざまな資源の奪い合いが再び急速に、以前にも増して激しくなってきている。アジア・アフリカの農村もこの時代状況の真只中にあり、特に次の３点で深刻な影響を受けている。

　まず第１に、農地、森、川など生活・生業の場としての自然資源が農民からますます奪われつつある。新自由主義経済のグローバル化とそれに伴うルールの均質化で、国内外を問わず資本を持つ者が今自然資源に殺到している。経済発展著しい中国では、企業あるいは企業とつながった行政関係者による農地の収奪とこれに対する農民の抗議が各地で起きているが、問題はインドシナ全体にも共通である。逆に農民が自らの土地を手にするための土地改革

は歩みが遅く、白人支配が長かった南部アフリカでは、真に黒人小農の利益となる改革は未だ実現していない。またフィリピンのネグロス島では、約束された改革が進むどころか、地主層が旧来の封建的土地所有をそのまま一見現代的な大規模商業農園経営にすり替えることで耕作者の土地に対する権利を否定し続ける逆行現象すら出てきている。

　第2には、農という生業の源であり、毎年の再生産にとって最も重要な資源である種子が農民から奪われつつある。増産を旗印にした米やとうもろこしの高収量品種導入や市場向け野菜栽培における一代雑種の普及で、種子は近年毎回購入するものに変わりつつあった。しかし、遺伝子組み換え(GM)作物の普及拡大と企業による訴訟も辞さない特許権の主張が、種子を農民の手から決定的に引き離そうとしている。タイで反対運動の象徴的ターゲットになったGMパパイヤの導入、ベトナム政府が勧めた米の改良種による従来種への害虫被害など、種子をめぐる問題は枚挙に暇がない。

　そして第3に、農民が生産物を販売し生活に必要な糧を稼ぐために必要な資源である市場までもが農民から奪われつつある。WTOによる自由貿易の推進で既にそれぞれの市場には世界中から商品が流れ込んでいたが、1999年シアトル閣僚会議の合意形成失敗で停滞した包括的自由化交渉に代わり、2国間の自由貿易協定が推進されたことが状況を一変させた。タイ産砂糖のフィリピン流入とフィリピン産ココナツのタイ流入など透明性の低い交渉の中で取引材料にされた農作物がお互いの市場に突如流れ込み、いまや同じ農民同士が否応なくつぶし合いの競争に投げ込まれる事態となっている。

　このように21世紀初頭の農村は、不十分な食料や衛生的な飲料水の不足といった以前からの困難に加えて、耕作者であり生活者である農民が暮らしの基盤を根こそぎ奪われる危機に直面している。そして株式会社による農地の借り入れが広がり、GMイネやGM大豆の野外栽培試験が強行され、外国産農産物の流入が増大を続ける日本も同じ渦中にあることを、私たちははっきり自覚しておかなければならないだろう。

牛銀行から牛がやってきた(ベトナム北部山間地の JVC 活動地ホアビン、2005年)

2．JVC の苦闘

　これまで JVC は、森からの食料や生活資材の採集、川や湖での漁労なども視野に入れた広い意味での農村開発活動をアジア・アフリカで展開してきた。本稿の対象であるこの5年間に行なわれた活動は以下に列挙した通りだが、それらを通じて JVC はいったいどのような成果をあげえたのだろうか。また、その成果は現在の農村を取り巻く困難な状況に対していかなる効果を持ちえたのだろうか。

▷タイ：環境保全と持続的農村開発に関する調査(以下、北タイ調査)
　〈チェンマイ県／2002年〜2003年〉
▷南アフリカ：地域自立をめざす持続的農業(以下、カラプロジェクト)
　〈東ケープ州カラ地区／2001年〜継続中〉

▷カンボジア：共同体漁業支援と土地問題調査(以下、アクションリサーチ)
　〈2001年〜2004年〉
▷タイ：地場の市場づくりによる地域自立支援(以下、地場の市場プロジェクト)
　〈コンケン県ポン郡、シーチョンプー郡／2000年〜継続中〉
▷ベトナム：参加型農村開発(以下、ホアビンプロジェクト)
　〈ホアビン省タンラック郡／1999年〜継続中〉
▷ベトナム：参加型自然資源管理(以下、ソンラプロジェクト)
　〈ソンラ省トゥアンチャウ郡／1999年〜継続中〉
▷タイ：タイの農村で学ぶインターンシップ(以下、インターンプロジェクト)
　〈1998年〜2005年〉
▷タイ：ノンジョク自然農園(以下、ノンジョクプロジェクト)
　〈バンコク市ノンジョク／1998年〜2004年〉
▷ラオス：持続的な農業及び森林管理(以下、カムアンプロジェクト)
　〈カムアン県／1997年〜継続中〉
▷ラオス：農村開発(以下、ビエンチャンプロジェクト)
　〈ビエンチャン県／1997年〜2004年〉
▷カンボジア：持続的農業・農村開発(SARD)／農村開発活動従事者のための資料・情報センター(TRC)プロジェクト(以下、SARDプロジェクト)
　〈カンダール県オンスノール郡／1994年〜継続中〉

　まず、これらの活動が掲げていた目標とその活動内容の共通項を思い切ってまとめると、およそ次のように整理することができる。
【目標】食と生計の確保、生活の向上
【活動】持続的農業の普及、森などの自然資源の管理と利用、相互扶助と自治運営能力の向上(米銀行、村づくり委員会など)、生活環境の改善(井戸など)、市場づくり

　これらを踏まえてそれぞれの評価報告書を読み比べると、その成果の傾向がはっきりしてくる。SARDやホアビンプロジェクトが典型例だが、井戸

掘りや生活用水タンクの整備など生活環境改善のための小規模インフラ整備は実施率も住民の評価もともに高く、その成果が生活の向上という目標の達成に具体的に寄与していることがよくわかる。

　一方、持続的農業は食と生計の確保という目標への実利的効果をなかなか目に見える形で示せず、活動のタイプが異なるノンジョクプロジェクトを除き、その普及には広がりが不足している。自然資源の管理と利用は、カムアンプロジェクトが土地・森林の境界画定と村への移譲過程における住民参加の増加という大きな成果を出しているが、村人より大きな権限を持つ政府機関や企業の開発事業に対しては交渉も対抗もできず、土地森林移譲だけでは食と生計を確保する森を守りきれないことも明らかになっている。

　相互扶助では、SARDやビエンチャンプロジェクトで多くの米銀行が住民自身によって運営されるようになったことは確かな成果だが、やはり食料の総量が増えない限り、米銀行だけでは食の確保につながらないことを昨年の少雨によるカンボジアの困難が示している。

　また、前述した21世紀初頭の農村を取り巻く危機に対しては、まだJVC内で戦略の整理が十分なされておらず、効果的な対処ができていない。自らの生活・生業の土地を守ることにおけるカムアンプロジェクトの大きな成果と壁については先に触れたが、当初同様の問題意識を持っていたソンラプロジェクトでは、ベトナム政府および地方行政が持つ非常に大きな権限と問題の政治的な微妙さを懸念して、土地森林区分に関わることを断念せざるを得なかった。しかし、プロジェクト化にはつながらなかったものの、カンボジアのアクションリサーチや北タイ調査は、こうした問題に対する角度を変えた新たなアプローチの模索である。

　種子については、ノンジョクやSARDプロジェクトと並んで種子に対する農民の権利を大切にしてきたカラプロジェクトの活動村の一部で、改良種もしくはGM作物の導入を伴う南アフリカ政府の食糧大増産計画が実施されることになり、行政との対応に苦慮している。また、2001〜02年の南部アフリカの大旱魃につけこんでアメリカがGMとうもろこしを大量に援助しようとしたように、緊急救援は新しい種子や作物が導入されるきっかけとな

りがちだが、今年のとうもろこし播種後に雨が全く降らず、多くの農民が全滅の被害を蒙ったホアビンプロジェクトでは、農民が蒔き直すための種子を緊急支援する際、改良種の配布を強く勧めるベトナム政府の圧力に残念ながら抗し切れなかった。

　一方、農民から奪われつつあるもう1つの資源である市場については、まさにこれを正面からターゲットにした地場の市場プロジェクトが2000年から始まっている。地域の中心の町で開かれるようになった地場の市場の拡大とともに幾つかの村の朝市が消滅したり、自らの有機農産物ではなく他で仕入れた品物を売る人が現れたり、活動の過程でいろんな反応が起きているが、それらも含めたこの先駆的な試みの展開を皆で注視している。

3．具体性――「地立」と「自律」

　このように、この5年間にJVCが取り組んできた農村開発活動の多くは1990年代から継続しており、井戸から衛生的な水が得られたり、米銀行によって高利な借米をせずにすんだり、草の根獣医のおかげで大切な家畜が病気から守られたりと、既にさまざまな成果が積み上がっている。しかし、これらの活動に通底する食と生計の確保という目標から見ると、先行する持続的農業の理念に比して目標の実現に必須な持続的農業と自然資源管理・利用の具体的実践力が弱く、このために苦闘を繰り返している。また2000年以降に始まった地場の市場プロジェクトやアクションリサーチは、市場や土地、漁場へのアクセスといった近年急速に深刻化した問題を対象にしているが、先に挙げた種子の問題なども含め、こうした新たな危機に対する取り組みについては皆でいっそう議論を深めていく必要がある。

　インドシナ地域に駐在するスタッフのこうした強い問題意識をきっかけに、農村開発に関わるスタッフは今年から頻繁に直接顔を合わせ、活動に関する相談や技術的アドバイス、情報の共有を互いに精力的に行なっている。4月にベトナム・ハノイで第1回持続的農業ミーティングが開かれたほか、6月

には日常的なコミュニケーションの場として持続的農業・農村開発メーリングリストも設置され、活動の質を高めるための活発な議論が続けられている。これまでの現場間の交流とは大きく異なる頻繁で定期的な会合と継続的な議論は、21世紀初頭の農村を取り巻く状況の深刻さとそれに対するJVCの活動の有効性への危機感の表れだが、それゆえにこそ議論の中から新たな戦略が創り出されつつある。

さて、これまでにスタッフから出されたキーワードの1つに「具体性」がある。議論の中では、主に「具体的な持続的農業技術を提供することができなかった」といった文脈で問題が提起されている。しかし、実践能力としての具体性は当然必要だが、具体性を左右するのは技術だけではない。都会で暮らす多くの人は持続的農業に具体性を感じないように、具体性を左右する背景もまた重要である。そこで以下では、この言葉を手がかりにJVCの農村開発の新たな戦略を考えてみたい。

前述のメーリングリストで先日、自立をめぐる議論があった。その内容は、「住民の自立をめざしたプロジェクトという言い方が身分不相応な言い方に感じられて仕方ない」、「村人はプロジェクトの前から我々なんかよりよっぽど逞しく生活してきているわけで、自立していないと言う方が失礼だ」といった国際協力でよく取り上げられる論点で、私も同じ意見だが、ところでここで言う自立の具体性とは何だろうか。

JVCが関わるアジア・アフリカの農村における自立には、2つの側面がある。1つは、村や畑、森、川などそれぞれが生きる地にしっかりと立って暮らしを営むという決意や覚悟であり、暮らしを成り立たせる生業や具体的な技術と、自然観や価値観、人生観などを含む生き方としての思想からなる。もう1つは、自らを律して生活・生業の場を維持していく力であり、自然資源・市場、人の和といった地域社会の資源を持続的に利用するための規範や智慧と、資源や地域そのものおよびそれを外部者から守る権利からなる。自立という言葉の音にひっかけて前者を「地立」、後者を「自律」と呼ぶならば、「地立」と「自律」こそが自立の本質であり、以下の図に示したように、両者が一体のものとして満たされて初めて農村の自立は具体性を持ちうるの

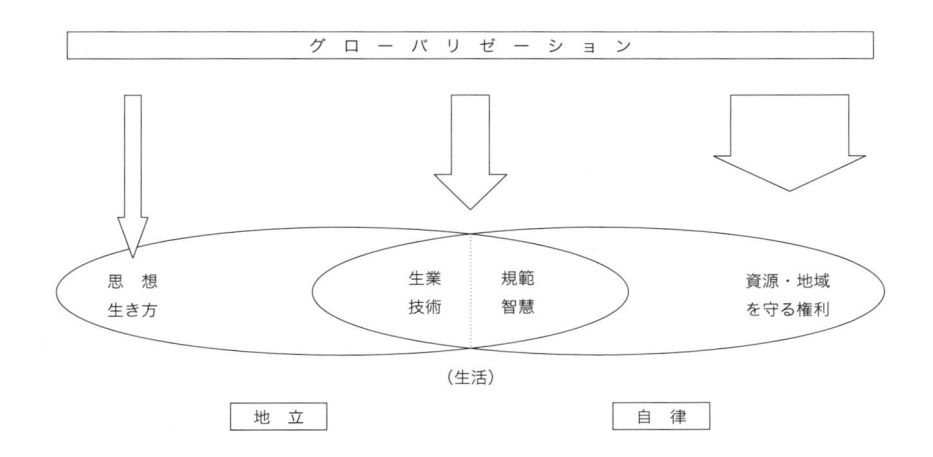

```
┌─────────────────────────────────────────────────┐
│              グローバリゼーション                │
└─────────────────────────────────────────────────┘
      ↓                    ↓                ↓
  ╭───────╮      ╭──────┬──────╮      ╭─────────╮
  │ 思 想 │      │ 生業 │ 規範 │      │資源・地域│
  │ 生き方│      │ 技術 │ 智慧 │      │を守る権利│
  ╰───────╯      ╰──────┴──────╯      ╰─────────╯
                     （生活）

      ┌─────┐                         ┌─────┐
      │地 立│                         │自 律│
      └─────┘                         └─────┘
```

である。

　自立を「地立」と「自律」として捉えた時、アジア・アフリカの農村が自立していないのではなく、自立の基盤を奪われつつあるのだということが明確になる。すなわち先に近代化を遂げた社会からのモノや情報を通じて浸透してきた発展や向上、消費といったイメージは、既に人々の心の奥深くまで入り込んでいる(図左の矢印)。これに続く大量生産された消費財の流入がもたらしている生活の変化はなお進行中であり(図中央の矢印)、最後に今世界のルールの均質化によって農村の資源を猛烈なグローバリゼーションの波が襲いつつある(図右の矢印)。これはまさに日本がたどってきた心(価値観)の近代化、生活の近代化、農業の近代化という流れと同じである。

　このように考えると、JVCの新たな戦略は自ずとはっきりしてくる。持続的農業と自然資源管理・利用の具体的実践力は図の中央にある農民の生活に働きかける手段であり、農民の食と生計を確保するためにその強化は必須である。しかし、「地立」の思想と技術、「自律」の規範と権利はそれぞれ対をなしており、どれほど具体的な技術や規範も単独では農民にとって具体性を持ち得ない。持続的農業と自然資源管理・利用は「地立」と「自律」の全体性を回復することによって初めてその具体性を確かにするのであり、そのためにはJVCが思想の共有と権利の確保における具体的実践力を高めるこ

ともまた不可欠である。これは、けっして持続的農業の理念的な話を続けることではない。限られた人数とはいえノンジョクやインターンプロジェクトが「地立」の決意と覚悟を持つ人を生み出したように、今後農民との間で生き方をめぐる思索や対話をいかに具体的に実践していくかというきわめて高い能力が求められている。また、カムアンプロジェクトや北タイ調査、アクションリサーチで明らかになった事例、すなわち村人が対抗するのが難しい政府機関や企業の開発事業に対しても資源と地域を具体的に守りきれるよう、法律、映像、調査研究などあらゆる手段を駆使したしたたかな「自律」確保の実践力を高めることが必要である。

　しかし、「地立」と「自律」の構成要素を回復するだけでは、21世紀初頭の困難な状況に対応することは難しい。異常気象の頻発や高まる一方の現金の必要にどう対処するか。それには、どう生業を工夫し、どうお金とつきあい、どう消費のあり方を変えていくかといった思考が不可欠であろう。また、資源や地域、技術、智慧などあらゆるものを分割・売買可能な財として扱う新自由主義経済には、従来のゆるやかな権利のあり方では対抗できない。農民の暗黙知や生活知を一度表に出し、空気のような存在だった資源や地域を外部者に対抗できる明確な農村の形に編成しなおした、いわば想像の共同体を創りだす必要がある。つまり、回復と創造によって「地立」と「自律」の現代における具体性を高める作業が必要であり、それが「地球環境を守る新しい生き方と人間関係を創りだす」JVCの長期目標のこれからの実践である。

4．誰とどうつながるか——農村開発から見えるビジョン

　ところで、JVCはこうした農村開発戦略の具体性を共有するアジア・アフリカの農民と活動を共にできているだろうか。JVCが考える「地立」と「自律」の中身は、地域独自の知恵と多様な文化の尊重、自然環境の保全と在来資源の地域利用の推進など前作『NGOの時代』にある行動規準に詳し

く、その［規準2］はこうした「基本概念を活動の初期の段階で地域の人々と共有する」としている。ところが、従来JVCが人の要素より専ら問題の深刻さから対象地を選択してきたこともあるが、活動開始後に人々と基本概念を共有するのはそれほど容易ではなく、その多くは同床異夢ないし呉越同舟の状態になっている。しかし、たとえば農業において、JVCは換金作物に特化するような労働としての農業ではなく、虫や鳥、風景など農産物以外のものにも価値を見出し、それらを創りだす総合性をもった農という生き方を目指している。つまり、JVCの持続的農業は農という生き方と対で具体性を持つのであり、この具体性を共有する農民と協働していかなければ活動の成果はおぼつかない。したがって、誰とどうつながるか、どんな生き方としての思想を持つ農民とどのように関わるのかを吟味することが、農村開発の新たな戦略におけるもう1つの鍵となる。

　それには、まず何よりも世界に向けてJVCの生き方としての思想を唱道し、情報収集や会議参加、現地訪問などを通じて、世界中の農民との出会いを精力的に模索し続けることが必要である。そして共感できる生き方としての思想を持った農民と広く交流し、真剣な対話を行なっていくことになるが、この交流と対話の継続こそ今後の活動の最も重要かつ大きな部分を占めるものになるに違いない。これはお互いを学びあい、分析し、どうつながっていくかを検討するプロセスであると同時に、研修や経験交流、調査研究、政策提言の連携、小規模な事業の実施などを時折含む農村開発活動そのものでもある。一方、数年間にわたる従来型のプロジェクトは、生き方としての思想を深く共有した農民と目標や期限の詳細を具体的に合意できた場合にのみ実施される例外的なものとなるだろう。

　このように新たな戦略による農村開発から見えるビジョンは、従来のプロジェクトの枠を大きく超えて、農というそれぞれの地の生き方に向けた社会づくりの運動へとつながっている。どんなプロジェクトも農民の生活の一部分でしかなく、その外側の日常にこそ社会づくりの真の変化が現れるならば、JVCも生き方の仲間探し、真剣な交流と対話、そして思想を深く共有した相手とのプロジェクト、という総合的で分厚い運動を行なっていく必要があ

る。しかし、たとえばタイのオルタナティブ農業ネットワークに集う農民にとって、私たちはふさわしい対話の相手だろうか。つまり、新たな戦略の具体性を最終的に決めるのは私たち自身の生き方の具体性である。したがって、農というそれぞれの地の生き方に向けて私たちの「地立」と「自律」を取り戻すこと、そうした生き方と人のつながりを私たちの足元で実践すること、それがこれからのJVCの農村開発の基盤を支える不可欠の活動になるはずである。

第2章　農民との対等な関係をめざして
──カンボジア持続的農業と農村開発プロジェクト──

山﨑　勝

はじめに

■1 農村の現状とJVCの取り組み

　カンボジアは内戦後の復興を順調に歩んでいるように見える。都市の商店にはモノが溢れ、首都プノンペンでは朝夕に車が渋滞するようになった。また、世界遺産のアンコールワットを中心にカンボジアを訪れる外国人観光客も増加し、もはや内戦の面影を見る機会は少ない。しかし、こうした経済発展の恩恵を受けているのは、カンボジアのごく一部の人々にすぎない。特に農村部では深刻な水不足やコメの不作、自然資源の減少に伴う生活基盤の喪失に加え、不発弾や地雷による事故も後を絶たない。また、医療サービスや教育を十分に受けることのできない人も多く、日本であれば簡単に治療できるような怪我や病気で命を落とす人も多い。

　カンボジアでは人口の約8割が農村部に住み、その多くが自給的な農業を営んでいる。しかし、経済発展を目指す国の政策の中で、農村部の小規模農家に対する政府の取り組みは十分ではない。援助機関の努力にもかかわらず、都市の富裕層と農村の貧困層の格差は広がる一方である。そうした状況の中、JVCは、1994年から持続的農業と農村開発プロジェクト(Sustainable Agriculture and Rural Development Project。以下、SARDプロジェクト)を実施し、早くか

ら農村の復興に携わってきた。活動開始から10年以上が経過した現在も、カンダール県オンスノール郡マカッ集合村、トゥールプリッチ集合村の計50ヵ村を対象に、持続的農業(稲作、野菜栽培、果樹栽培、養魚、きのこ栽培など)と農村開発(米銀行、牛銀行、女性相互扶助グループ、小規模インフラ整備支援、環境教育、家族計画など)を中心に活動している。

2 農村の変容とNGOの役割の変化

　これまでのJVCと住民との関係は良好で、活動も順調に進んでいる。しかしながら、急速な経済発展の中で、農村における人々の生活や自然資源の状況などには大きな変化がある。それまで活動地の農民は、稲作を中心に森林資源を活用しながら自給的な生活を送っていたが、森林資源の過剰な利用や開墾などによる森林の喪失と人口増加によるコメの不足が農民の生活を圧迫し、都市部への出稼ぎなどに依存する都市近郊型の農村へと変化してきている。その結果、JVCが想定していた、持続的農業による自給的な食糧生産と相互扶助によるセーフティーネットの確立はなかなか進まず、コミュニティの自立的な活動よりも村の人々は都市への出稼ぎによる現金収入に頼った生活を求める住民が増えてきている。

　こうした農村の状況の中で、これまでJVCが行なってきた活動が今後もカンボジアの農村にとって必要なことであるのか、再検討しなくてはならない。JVCがこれまでSARDプロジェクトにおいて進めてきたような自給的な農業経営を農民は続けてゆくのか、それとも、現金収入を中心とした貨幣経済の中で生きていくのかを選ぶのは、農民自身である。そうであるのならば、外部者であるNGOが農村に入る意義は何であるのだろうか。農村開発プロジェクトは農民の生活が改善されることが最終的な目標なのだろうか。

村の人たちの共同作業により井戸を設置する

1．プロジェクトを通しての農村との関わり

1 プロジェクトとは何か

　NGOが農村やそこに住む人々に関わる場合、プロジェクトという形態をとることが多い。JVCも例外ではなく、カンボジアにおけるSARDプロジェクト以外にもアジアやアフリカの国々で農村開発プロジェクトを展開している。もちろん、プロジェクトという形態をとらなくてはいけないという制約はないが、プロジェクトとしてある一定の目的と計画をもって関わることにより、効率よく目標を達成し状況を改善することができる。

　しかし、NGOが実践する農村開発プロジェクトは、必ずしも効率性ばかりを求めるものではない。長期的に見て住民の日常生活が好ましい方向へと変化していくためには、住民自らの取り組みによって状況を改善していくことが望ましい。そのため、NGOはできる限り住民の日常生活に溶け込み、

長い時間をかけて住民との信頼関係を構築しながらプロジェクトを進める。しかし、外部者であるNGOのスタッフがどんなに住民の視点に立とうとも、プロジェクトにおいては、住民と外部者、そのプロジェクトによって助けを受ける裨益者とプロジェクトの実施者などといった関係を完全に否定することはできない。むしろ、違った立場の人々が1つのプロジェクトに加わり新たな可能性が生まれるところにプロジェクトの意義がある。

ただ、プロジェクトを実施することを仕事とする我々にとっては、プロジェクトの中で生活することは当たり前のように感じられるかもしれない。しかし、プロジェクトの開始によって、NGOなど外部者が村に出入りし、これまでに住民が扱ったことのない規模の資金や資材が投入され、さらに、新たな住民組織などができることによって、生活の状況は大きく変わってしまう。つまり、住民の側からするとプロジェクトは異質で非日常的な時間に映るということに配慮しなければならない。

❷ NGOから見た「プロジェクト」と住民から見た「プロジェクト」

多くのNGOは、単にプロジェクト目標を達成するためだけに活動しているのではなく、その先にめざすべき望ましい社会のあり方など理念を持って活動を行なっている。JVCは、「地球上のすべての人々が自然と共存し、共に生きられる社会を築くために、世界のさまざまな場所で社会的に強いられている困難な状況を自ら改善しようとする人々を支援し、地球環境を守る新しい生き方と人間関係を創り出すことに取り組む」という理念に基づいて活動を実施しており、SARDプロジェクトはそうした理念に基づき、❶農村での安定した食糧と生計の確保、❷農民の自治能力向上、❸自然資源の公正な管理と配分──の3つをプロジェクトの重点目標として活動を行なっている。しかし、文化、習慣、社会経済状況などのバックグラウンドが違う外部者と住民とが、限られた時間の中で、どこまで普遍的な将来像を共有できるのかは難しい。また、住民1人1人にもそれぞれ固有の価値観が存在する中で1つの理念、考え方を共有することは簡単なことではなく、場合によっては外部者の価値観を押し付けることになってしまう。

SARDプロジェクトの場合、住民の側からすると、なぜ、自治能力を向上しなければならないのか、なぜ、自然資源を公正に管理し分配しなくてはならないのか、プロジェクトに参加することで得られる利益に具体性がなくわかりにくかった。また、住民は水の不足、食糧の不足、借金の増大という明確な課題に直面しており、自治能力や自然資源管理という長期的な課題よりも、直面する課題にまず対処しなければならないという状況への配慮も十分ではなかったと言える。結局、JVCとしての理念を農民に問いかけ続けてきたものの、農民は具体的な成果を十分に実感するには至っていない。その結果が、出稼ぎ依存の農民の現状にもつながっていると言える。

3 プロジェクト目標と活動の理念

　SARDプロジェクトにおいては、プロジェクトを実施する上でのJVCの理念と農民の置かれている現状との差を埋めようとお互いが努力してきたが、逆に農民の現状はJVCの理想からは遠ざかってしまった。これはプロジェクトの内容自体に問題があったというよりも、プロジェクトの枠内において理念まで農民と共有しようとしたことに問題があったのではないかと思う。
　本来、プロジェクトは理念や目指すべき将来像を参加するすべての人々が完全に共有していなくても、実施することが可能である。それゆえに、すべての参加者に明確な目標や計画が設定されるのである。農村開発プロジェクトにおいても、共有できる具体的な目標を設定することで、外部者の活動理念に賛同しない住民も、目標の達成という共通目標に向けて積極的に参加することができる。そのことは個人個人の多様な価値観を尊重することにもつながる。外部者の目指す理念や住民が望む未来は、プロジェクト期間内では達成されないことが多い。しかし、プロジェクトという共通の経験を通して、住民同士や住民と外部者が望む未来を共有できるようになる可能性がある。

2．住民主体の開発を実現するために

■1 プロジェクトは誰のものか？

　さまざまな人々が参加するプロジェクトにおいて、「プロジェクトは誰のものか」という議論を耳にすることがある。その問いに対して「プロジェクトは住民のものである」というのが農村開発では理想的な答えであると考える人は多いであろう。SARDプロジェクトにおいても、「住民主体の開発」という考え方に基づき、計画の立案、実施、評価まで住民が主体となって取り組み、プロジェクト終了後も住民が地域発展のために自立した活動を継続することを目指して活動を行なってきた。

　この「住民主体」という考えは、「参加型」開発とは多少異なった理念である。住民主体の開発では、もともと地域の住民は自立して生活ができていることを前提とし、住民がまず行動を起こすところから活動が始まる。つまり、現状で自立が困難な人々は緊急支援の対象であり、農村開発で対象にするのは自分たちの生活をさらに改善しようと努力する自立した人々であることが前提となっている。しかしながらSARDプロジェクトの活動地において、住民が自ら活動を提案し、実施するという例はきわめて少ない。カンボジアの場合、内戦直後の混乱の中で多くの援助機関が流れ込んだことによって、援助する側とされる側という固定した関係が外部者と住民の間に生まれてしまっているという現実があるが、理由はそれだけではない。

■2 住民主体の開発とは？

　SARDプロジェクトでは住民主体という理念に基づき、たとえば井戸建設支援においては、利用者グループの結成やリーダーの選出の他、住民による労働力の提供や活動に必要な資金の一部を拠出することを条件とし、その条件を満たしたグループに対して、必要な資金の半分程度をJVCが支援することにしている。住民負担があることで住民の当事者意識が高まり、井戸の管理などは比較的うまくいっている。しかし、井戸グループから他の自主

的な活動へ発展する例はほとんど見られない。なぜならば、井戸グループはJVCからの支援を目的として結成したグループに過ぎず、JVCが提示した条件は必ずしも住民の主体的な活動に必要なものではないからである。

このように、プロジェクトという枠の中で無理に住民主体ということを進めれば、矛盾が生じてしまう。現在のSARDプロジェクトにおいても、住民主体の開発と謳いながらも、実際には住民は自立していないということを外部者であるJVCの存在条件としてしまっている。そして、住民との良好な関係を築きながらプロジェクトとして存在し続けるために、必要以上の支援を住民に提供し、住民は自立できていないと矛盾した評価を下す結果になっている。

しかし、外部者が住民を自立させることはできない。何をもって自立とするのかという議論をこの場では避けるとしても、どう自立するかは住民自身の判断であり、支援者がいるのであればそれに依存することも1つの重要な戦略と考えられる。自立を支援することによって自立の「きっかけ」を作ることは重要であるが、支援が続く限り自立にはならない。つまり、支援は自立を阻害する要因であることを我々は認識しながら、プロジェクトに関わらなくてはならない。

地域を作るといった場合に、そこに住む住民が主体となって地域を作っていくことが望ましいということには、多くの人が賛同するであろう。しかし、そうした住民の働きに対して、外部者によるプロジェクトはどのような役割を果たせるのであろうか。筆者は、本当の住民主体の開発は、プロジェクトの外で起こるものであると考えている。そうであるならば、JVCがプロジェクトとして地域と関わる場合の、JVCの役割について、問い直す必要がある。また、ある結果について、住民の努力によるのか、プロジェクトの成果なのかが曖昧になってしまうことも多いが、それでは住民自身の成功体験にはつながらないし、失敗した場合にも責任がはっきりとせず、改善点を見出せない。住民と外部者はしっかりとその役割をお互いに認識し、プロジェクトを進める必要がある。

3．農村にどのように関わるのか

◼1 住民と住民の信頼関係の促進

それでは、外部者としてのNGOが農村やそこに住む人々に関わるメリットはいったい何であろうか。外部者であるということの大きな利点の1つは、住民同士の利害関係から離れた客観的な立場に立てることである。SARDプロジェクトにおいても、JVCは外部者としての客観的な立場から住民の相互扶助を促進するため、直接JVCが全ての住民に問いかけるのではなく、できるだけリーダーが他の住民に問いかけることができるようにしてきた。しかし、村長や地域の有力者、活動に積極的な比較的裕福な農民などがそのままグループのリーダーとなっている場合が多く、リーダーの強い主張に他の住民が従わざるを得ない状況になってしまうケースも見られる。その結果として、その他の住民の積極的な参加や責任の分担がうまくいっていないグループが多い。

JVCがリーダーとの関係を重視するのは、住民同士が話し合うことが住民主体の開発の原点であると考えているからである。しかし、その話し合いの方法が確立されていない場合や、話し合いのファシリテーターやリーダーシップをとる人の技術が未熟な場合には、住民の話し合いによる意思決定は失敗する危険性が高い。

図1　ファシリテーション（外部者）

●はリーダー、○はその他の住民を示す。

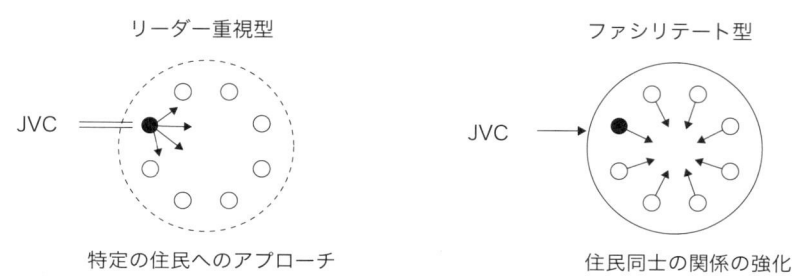

リーダー重視型　　　　　　　　　ファシリテート型

特定の住民へのアプローチ　　　　住民同士の関係の強化

では、JVCはどのようにして住民と関わったらよいのであろうか。SARDプロジェクトでは、リーダーの能力強化によってそうした問題を解決できると考えてきたが、リーダーの能力が高まったとしても、グループ内の信頼関係が十分に構築されていなければ、リーダーの能力を生かすこともできない。また、リーダーばかりがトレーニングなどに参加することで、他のメンバーとの情報の格差を広げてしまうことにもなりかねない。SARDプロジェクトでは、資金を持つJVCと発言力を持つ村のリーダーの関係が強化され、トップダウン型関係となってしまった例もある。そうしたグループでは、住民同士の相互扶助も形骸化してしまい、JVCから支援を受けられる活動以外への発展は期待できない状況となってしまった。

グループ活動においては、リーダーの役割が重要であることは確かだが、外部者の役割としてリーダーの能力強化だけでは不十分である。こうしたことから、特定の住民にアプローチし、外部者からリーダー、リーダーから他のメンバーと情報を一方通行にするのではなく、会議やトレーニング、ワークショップなどを通して、住民同士が情報や意見を交換し信頼関係を深めることができるような場を作り出すことが外部者としての重要な役割であると考えられる。

❷情報や技術の提供とその問題点

2つ目の外部者の利点として、住民が得ることが難しく、しかも住民の生活に影響を与えるような外部の情報や農業などに関する技術を住民に提供できることが挙げられる。SARDプロジェクトにおいては、持続的な農業に関する技術を普及するために、活動地内の篤農家をモデル農家として集中的に支援してきた。JVCが外部から得た情報を基に住民に対してトレーニングを行なうよりも、在来の技術を生かしながら、これまでには実践されていなかった技術を導入し、その技術が地域においても有効であることを実践で示すことにより、より効果的に持続的農業を地域に広げてゆくことが狙いである。

しかし10年以上にわたる活動にもかかわらず、実際に成功を収めている農

村の地図をつくる（オンスノール郡）

民は少数に過ぎない。それにはいくつかの原因が考えられる。まず、JVCが提供してきた持続的農業の技術では、食糧不足を決定的に改善するには至らなかったことが原因として挙げられる。SARDプロジェクトでは、自然資源を適正に管理することや環境に配慮した農業などの概念的な取り組みを強調してきた。しかし、結果として多くの農民は出稼ぎなどへ行かなくてはならない状況となってしまった。

　また、技術の普及、情報の伝達という点では、モデル農家に支援を集中させてしまったことに問題がある。SARDプロジェクトがとってきたアプローチでは、まず、モデル農家がさまざまな技術を実践できるようになることが必要であるが、モデル農家を成功させるために、多くのトレーニングに加え、種、苗、稚魚、農具など支援を行なってきたため、他の農家との格差ができてしまい、結果的にJVCからの技術的、物的な支援がないと実践できないモデルとなってしまった。また、モデル農家が成功したからといって、他の農家にその技術を普及するという保証もない。さらに、モデル農家の選

定はスタッフの裁量に任されており、JVC に対して協力的な住民がトレーニングに参加し、物的な支援を受けるというシステムになってしまった。

　これらから得ることのできる教訓として、農業技術などの普及では対象を特定の住民に絞るのではなく、できる限り多くの住民を対象とした方が良いということが挙げられる。多くの人が関心を持ち実践することによって、成功や失敗の経験を住民同士が共有することができるようになるからである。これにより、外部から持ち込まれた技術であっても、その土地に合った形に応用される可能性が高く、また、モデル農家だけではなく、一般の農民にも実践できる技術に改良されることが期待できる。SARD プロジェクトでのモデル農家は相談相手が JVC スタッフしかおらず、結果としてさらに手厚い支援を受けることとなってしまった。

　また、外部者の理念ばかりを優先させるのではなく、住民のニーズに応えることのできる具体的な技術を提供することも重要である。SARD プロジェクトでは農民の在来の知恵や技術を重視し、外部からの技術を導入することに慎重な立場をとってきたが、社会状況が変化する中で、現状に対応できなくなってしまっている在来の技術も多く、結果的に農民の生活も苦しくなってきている。しかし、そこに新しい知識や情報が加わることで、在来の技術を現在の状況に適応できる可能性もある。もちろん、伝統的な技術には多くの知恵が詰め込まれていることは確かで、それを廃れさせてしまうのではなく、状況に積極的に適応させ利用することで、先人の知恵に新たな知恵を積み重ね、かつての豊かさよりもさらに進んだ豊かさを取り戻すことができるのではないだろうか。

4．プロジェクトを超えた関係へ

■1 プロジェクトで何をすべきか

　外部者である NGO は、プロジェクトによって住民の将来のすべてを負うわけではない。たとえば、生活改善といった場合、その場所での生活が続く

限り住民の継続的な努力が必要であり、それによって住民はより良い未来を実現することができる。それ故に、プロジェクトという限られた時間の中で何ができるのかを考えることは、どのような理念に基づいてプロジェクトを実施するのかということ共に重要である。

いわゆる「参加型」の開発プロジェクトでは、主体を住民とすることで外部者の立場や責任を不明瞭にしてしまうことがあるが、プロジェクトという非日常的な取り組みを住民に対して提案する以上、何を目的として、何を行ない、どのような効果が期待されるのかを住民に対して十分に説明し、場合によってそのリスクや失敗した場合の住民への影響を最小限に抑えるための方策などについても、住民と議論しなくてはならない。つまり、プロジェクトという限られた時間を有効に活用するためにも、外部者の役割と住民の役割を明確にし、それを評価するということが、成功を発展させたり、失敗を改善したりするための条件となる。結局、プロジェクトにおいては、それ自体の成否よりも、住民の将来にプラスとなるインパクトやそのきっかけを住民が得ることのほうが重要なのである。

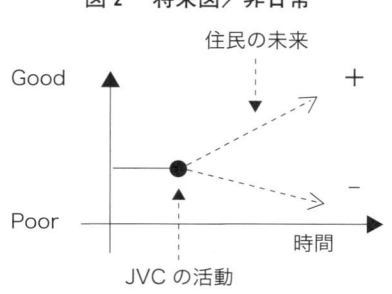

図2　将来図／非日常

2 住民主体の開発に向けて

これまでも述べてきたように、プロジェクトの中で真の住民主体の開発を実現することは難しい。住民主体の開発を目指してきたSARDプロジェクトにおいても多くの困難に直面している。しかし、これは必ずしもプロジェ

クトの失敗を意味するわけではない。SARDプロジェクト自体が住民主体の開発なのか、それともSARDプロジェクトは住民主体の開発のための土台作りなのかという位置づけの問題による。これまでのSARDプロジェクトでは住民主体の開発を強調してきた一方で、その土台となる活動を十分に行なってこなかった。その結果、住民主体でプロジェクトを進めるという方法は確立しつつあるが、本当の住民主体の活動へつながる活動とはなっていない。

では、その土台となる要素とは何であろうか？　筆者のこれまでの経験から、住民主体の開発に必要な条件として、❶基礎的な技術や知識の獲得、❷プロジェクトを通しての成功体験——がカギになると思われる。技術にはさまざまな側面があるが、住民同士のコミュニケーション技術、農業等の技術、帳簿管理等の知識などがしっかりと定着することで、在来の技術もコミュニティの中で有効に活かすことができる環境が整う。

また、成功体験は、住民の自信やモチベーションに大きく影響する。自分たちでもやればできるという気持ちがまた、新たな発想へとも繋がっていく。逆に、外部者の関わりが長くなるほど、外部者との協働という制約から新しい活動や提案ができず、また、いつまでも外部者と二人三脚ということで成功体験を自分のものとできなくなってしまう。

❸ プロジェクトを超えた関係へ

開発プロジェクトにおいては「住民の声に耳を傾ける」ことの重要性がよく言われるが、それは、住民がプロジェクトの対象であるという外部者側の意識をよく示していると思う。一方で住民は、自らが主体的に行動して得た成果であっても、「NGOの支援のおかげで」と謙遜した自己評価をすることが多いが、これも外部者側の意向や期待に沿おうとする意識を表しているように思う。現在のSARDプロジェクトもまた、10年以上の活動にもかかわらず、JVC住民との信頼関係は、助ける側と助けられる側という枠をまだ超えられていない。

プロジェクトという形態をとる限りは、こうした立場の違いを埋めること

は難しい。しかし、NGOはプロジェクト目標を達成するためだけに存在しているわけではない。JVCにとってもプロジェクトは、理念に基づいたより良い社会を構築するための1つの手段に過ぎない。そして、より多くの人々と理念を共有して行動を共にしていく段階では、必ずしもプロジェクトという形態が有効なわけではない。地域や国を超えたネットワークや市民社会活動は、プロジェクトの中に存在する「実施者」や「裨益者」といった関係ではなく、参加する人々が対等な関係でお互いの理念に基づいて行動を共にするべきであろう。

　その意味で、私たちはプロジェクトを通して、人々が困難を克服できるようになるだけでは不十分である。プロジェクトという枠を超えて理念を共有し、行動を共にすることのできる仲間を得ることも視野に入れて活動しなくてはならない。そのためには、プロジェクトにおいて外部者と住民のお互いの役割を明確にし、限られた期間ある特定の目標を達成するために協働することで、助ける側、助けられる側という関係ではなく、お互いを尊重し、もっと深い信頼関係を作りあげることが重要である。そして、その関係はプロジェクトと共に終わるのではなく、そこから始まる。その意味で、農村開発プロジェクトは生活状況の改善にとどまらない多くの可能性を秘めていると言えるであろう。

第3章　地域の人々がつながり、地域が動く
　　　　――タイの地場の市場づくり――

倉川秀明

■1 農民たちの流儀

　タイ東北部コンケン県の農民が東隣のカラシン県の農民と交流した。2003年12月のことで、乾季の真っ最中だったので、その夜はバムルン・カヨターさんという農民運動家の農園にある乾いた田んぼの中での宴会となった。イサーンの伝統楽器の1つ、ケーン(日本の雅楽器の笙に似た楽器)をプラスートさん(ノンウェンナンバオ村)が上手に吹く。誰ということなく、そこらにある缶やポリタンクを叩いてリズムをとる。するとプラパートさん(ソクノックテーン村)やチュアムさん(ヤナーン村)がすかさず前に進み出て、イサーンの伝統歌謡モーラムを歌いだす。

　村の祭り、行事にモーラムは欠かせない。いや、東北部(イサーン)の人々の生活にとって欠かせないものだといっていいだろう。何かというとすぐモーラムが出る。酒を飲めばモーラム、行事をすればモーラム、消費者との交流会をすればモーラム、今回の農民交流のバスの中でもモーラム。

　モーラムは決まった節回しはあるが、即興性が強い。即興でその場のいろいろな話題やその場にいる人の話題などを取り混ぜながら歌う。この晩もプラパートさんが村の女性の話題を取り上げて歌うと、みんなヤンヤヤンヤの喝采。すると、おばちゃんが進み出て、歌いながら言い返す。またも、ヤンヤヤンヤの大騒ぎ。一瞬ひるんだプラパートさんが気を取り直して、反撃に出る。さあ、モーラムの掛け合いだ。ソーイソーイ!

いつの間にか、みんなが手をしなやかに動かして踊っている。老いも若きも踊っている。男も女も踊っている。こうして村の夜がにぎやかに更けていく。村人は何もなくとも自分で楽しむことが上手だ。

この時の農民交流は、互いに地域内の循環を作り出そうという活動をしている農民同士が経験を分かち合うために行なわれた。こうした交流を通して、農民達の活動が深まっていく。

2 農民の借金

その晩は楽しく過ごした農民たちだったが、実は村の生活は厳しい。

タイ東北部は雨水だけが頼りの天水農業だが、タイでは2003年、2004年と干ばつによる被害が深刻で、2005年も雨季になっても雨が少ない。政府発表によれば、2004年に干ばつの被害を受けたのは全国75県中55県562郡3万8000村落という。被害を受けた農地は1300万ライ(216万ha)、被害額は60億バーツ(180億円)にのぼる。特に東北部の被害がひどかった。

タイ政府は1961年から5年ごとの国家経済社会開発計画を策定して工業化を推し進めていき、70年代までは軽工業化、80年代の後半からは急速な経済成長と重化学工業化が進み、1997年の通貨危機まで続くことになる。

一方で、タイは現在でも農民が国民の約6割を占める農業国であるが、農業においては、近代農業が奨励されて、広い畑でキャッサバやサトウキビなどの輸出向けの商品作物が全国的に栽培されるようになった。そのため、稲作を中心として他の食物や生活資材を周囲の自然から得ていた伝統的な家族中心の小規模農業の姿が大きく変わっていく。

それに伴って、豊かだった森林が伐られ、自然がなくなっていった。1960年には森林が国土面積の53％であったのが、1998年には25％まで減ってしまった。特に東北部は、1960年に42％だったのが1998年には12％になってしまい、今では森らしい森を見ることはできなくなった。みどりの消失は大地と大気の水循環を狂わせ、干ばつを作り出した。

また、近代農業ではすべてにお金がかかる。化学肥料、農薬、農業機械、苗や種などを買わなければならないし、大規模な農業のために、収穫をした

りする時には人を雇わなければならないので、労賃がかかる。こうしてかかる費用は借金をして払い、作物を収穫して売ったお金で返済することになるが、世界市場では農作物の価格が年々下がっていくし、数年たてば収穫量も減っていくので、期待したほどの収入が得られないことになる。そうして、農民は借金を抱えることになった。つまり、村人が作った農作物、すなわち地域の資源はほとんどが商品となって村の外へ出ていき、同時に借金という形でお金も村から外へ出て行く。村の貧困は、こうして村から資源とお金が外に出ていくことによって生まれる。以前は、確かに現金は余り持っていなかっただろうが、村人は豊かな自然と共に生きていて、十分暮らしていくことができた。しかし、今はその暮らしのあり方が壊れて、新たな貧困の中に生きている。

3 村の朝市づくりが始まった

　1996年に東北部コンケン県の農民ヌーケン・チャンターシーさんが日本に来た。アジア農民交流センターの招待で日本の農民グループの活動を視察に来たのだ。そして、帰国後実家のあるコークスーン村に戻って、村人に相談を持ちかけて朝市を立ち上げた。村の中の小さな朝市だ。
　この朝市では村人が自分の作った農作物や自然から取ったものを持ち寄って売り、同じ村の中の人が買う。村の外へ資源とお金が出ていってしまうことが貧困を生むのならば、こうして、村の中で農作物、地域の資源とお金を循環させて、その分村の外に出ないような仕組みを作っていこうというのが狙いだ。
　ヌーケンさんが日本に来た時に彼と知り合った松尾康範は、彼らのこの試みに注目し、JVCのスタッフになった後の1999年に調査をして、2000年4月から彼らのような村の朝市を作り出す活動を支援するプロジェクトを開始した。
　ヌーケンさんの村と同じコンケン県にある村で隣り合っているヤナーン村とノンテー村では、1999年の調査の時にヌーケンさんの村人と交流したことがきっかけになり、その年の11月から村の朝市が始まった。その後、村人と

ポン町の直売市場。たくさんの買い物客でにぎわう。

の交流を繰り返していって、2000年から2001年にかけてコンケン県ポン郡およびそれに隣り合っているコラート県ブアラーイ郡の村が次々と朝市を開いていった。その数は、全部で10地域19村となった（東北部の村は2～3の村が隣り合っていることが多く、朝市はそれらの村が合同で開く場合が多い）。

この朝市は村人なら誰でも参加できるという原則の下にできたので、できた作物を余らせていた人や作物が少ししかない人でも売ることができ、現金収入になるということで、村人たちが積極的に参加した。市場がおばちゃんたちの井戸端会議のようなおしゃべりの場となった。しかし、村の朝市の意義を村人の多くがよく理解して始めたのではない村では、村の外からの物を売ったり、朝市が続かなかったり、外の商人が入ってその性格が変化したりしたところもある（後述）。

4 町に直売市場ができた

朝市を始めた村々のある地域にポンという町がある。バンコクからコンケ

ンを通り、ラオスの首都ビエンチャンに通じる東北部の幹線道路沿いにある人口約2万人の小さな町だ。しかし、ポン町はこの地域ポン郡の行政の中心地でもあり、町立病院、常設の市場、鉄道の駅もあり、村人にとっては、日用品の購入に行く場所でもある。

　村の朝市を立ち上げた村人たちは、次の課題として、村の中の循環だけではなく、村人と町の住民が新たにつながっていけないだろうかと考えた。しかし、村人は町で物を売ったことがなかったので、町のどこでどう市場を作ったらいいかわからず、話し合いは1年近く続いた。そこで、北部の都市チェンマイで農民自身が運営している直売市場を見学に行ってイメージをつかみ、町の消費者を巻き込んだ"むらとまちの市場"という形に辿りついた。そして、村人がポン郡長に相談をしに行くと、郡長が理解を示してくれて、市場の場所として郡役場の敷地を使わせてもらうことになった。こうして、2002年11月に町の直売市場を立ち上げることができたのだ。初めは週1回、毎週月曜日開催として、朝市に取り組んでいる5つの地域の農民208人が会員となって、スタートした。

　村人にとって、町の人々に自分の作った農作物を自分で売るということは初めての経験だった。今までは、村に買い付けに来る商人に売ったり、サトウキビなどは製糖工場へトラックで持って行って売ったりしていたのだ。しかし、町の人と顔を合わせ、直接話をしながら売ることで、少しずつお客さんが増えてきて、自分の野菜が売れることがわかり、自信が出てきた。

　こうして、直売市場は開始以来、中断することもなく、順調に開催されている。今では、お客が多数訪れて、とても賑わっている。開始から約1年半たった2004年6月からは、有機農作物を提供できる人のみが販売できる有機農作物の市場とした。同年12月24日に、開催2周年記念式典を盛大に行なった。この日を記念して、市場の開催を週1回(月曜日)から週2回(月、金曜日)とした。

　ノンブア村のソムチットさんは、いつも元気で明るいおばちゃんで、野菜作りにも市場での販売にもとても熱心だ。地場の市場の活動について、こう話してくれた。

「現金収入を得られるのがいい。食べ物がいつもあって買わなくてすむので、支出が減った。野菜が(有機栽培なので)安全で、健康にいい。村人同士の結束が強くなったし、他の村人や消費者との交流ができるようになった」。

1人1回あたりの平均売り上げは、2004年7月の調査では、地域によって異なるが、300～450バーツ(1バーツは約3円)と、タイの農民にとっては大きな額である。人によっては、800～900バーツ売り上げる場合がある。普通農業労働として得られる賃金は1日で150～180バーツであることと比べれば、市場での売上額が村人にとってどれほど大きい額かがわかる。1年に1回米やサトウキビなどの作物を収穫して売ることが主な収入である普通の農家とは違い、日常的に現金収入を得ることができるようになった。

市場での収入は、主に教育費、電気代などの生活雑費の支出や日用品の購入にあてられている。インタビュー調査によれば、借金の返済にはあてられていないようであっても、借金がそれ以上増えない、あるいは増える率が低くなっていることがうかがえる。

この市場で売るものは、会員が自分で作った農作物か村内の素材を使った惣菜や自然物(キノコ、蛙、虫など)に限っているが、会員の中には他の村から安く買ってきて売っていたり、会員以外の人が売っていたりすることがある。その場合は、罰則を与えたりしないで、市場委員が話しに行って説得するようにしているが、無報酬の市場委員の手間や労力は大変なもので、見ていて頭が下がる。しかし、お金の魅力は強いので、規則から逸脱してまで売って儲けたいという欲求が繰り返し出てきて、この市場の原則が崩れてしまう危険性が絶えずあると言える。会員にも消費者にも地場の市場の意味を繰り返し理解してもらう努力が必要だろう。

こうした問題はあるとしても、町の直売市場ができたことで、地場の市場の活動が格段に活発になった。町を含めた周辺地域のお金と地域資源の循環システムが定着してきたと言っていいだろう。何よりも、畑で野菜を作り、惣菜を作り、市場で販売している村人の明るい笑顔と元気な姿が、そのことを雄弁に物語っている。

市場の会員は当初から朝市を行なっている村の人なら誰でも希望すればな

れるとしていたので、村人に不公平感はなかった。しかし、2004年6月から有機農業をしている人に限ったため、同じ村の人で有機農業はしていないが村の鶏を使って焼き鳥を販売していた人は販売できなくなったし、他の村で有機農業をしている人から会員にしてほしいという要望が出てきたが、現時点では会員になれない。このような人たちが参加できるような工夫をどのようにしていくかは今後の課題だろう。

5 消費者も加わった

　地場の市場作りを通して、生産者である村人は初めて町の消費者と出会い、直接自分の農作物を売って、消費者の反応を知り、自信を深めることができた。そして、村人による市場委員会が単に市場という場所だけの出会いではなく、消費者を自分たちの村に招待して、有機野菜を作る畑を見てもらい、その野菜で作った料理を食べてもらって、お互いが語り合う機会を積極的に作ってきた。

　食堂の店主である女性は、料理を食べながら、こう言った。

　「有機の野菜を作っている畑を初めて見た。農薬を使っていないので、安全だということがわかった。野菜もおいしい。自分の店でもこの野菜を使いたい」

　こうして、消費者の中にも地場の市場の意義が理解され始めたと言っていいだろう。この市場に来るようになった消費者側からも、健康のために有機農産物を求める声が強く出されている。今年8月には地場の市場とつながる消費者グループが立ち上がって、消費者の方からも村人との関係をさらに深めようという動きが出てきた。

6 有機農業の広がり

　ポン町の市場は、当初から安全な有機野菜を売る場をめざしてきた。市場が順調に開かれるに伴って、農民も有機農業を始める人が増えてきた。

　市場の会員は当初から208人であるが、開始から半年後の2003年5月で「有機農作物を提供できる」と市場委員会から認定された人はその中の20人

だった。2004年6月21日からは市場委員会がこの市場を有機野菜だけを売る場にしようと決定して、有機野菜を提供できる会員(緑会員と呼ぶ)を130人と認定した。その後、緑会員の認定を申請するものが相次ぎ、現在は154人を認定している。必ずしもこの154人が自分のすべての生産物を有機農業に変えたということではないが、徐々に有機農業を広げていくことが期待できる。

村人の自主的な工夫として、村の共同農園が4地域で立ち上がった。村共同のため池から水を引くことができるし、村人同士で有機栽培の技術を教えあったり、相談しあったりして、励みになる。ただし、このうちの一地域では借用していた土地が地主の都合で使えなくなり、残念ながら中止となった。また、乾季にため池に水がなくなり、野菜栽培ができないところもあって、容易にはいかないことも確かだ。

有機農業を始めた村人が増えたのは、1つは直売市場という売り先ができたということ、もう1つは健康を考えてのことである。村人自身が農薬を使っていて健康を害すれば、農薬を控えようとする。また、村人が消費者と親しくなって、からだにいい野菜を提供したいという気持ちにもなる。これも地場の市場の利点だろう。さらに、自分の農場から出る材料で堆肥や液肥、自然農薬を作っていけば、外から農薬や化学肥料などを買わずに済み、農業支出を減らすことができるようになる。

このような経過の中で、村の朝市がそれぞれの地域で変化したり、立ち消えたりしたところがある。ノンブア村・チャイパッタナー村では共同農園ができたことで、共同農園に直接村人が来て野菜の売り買いが行なわれるようになって、朝市に人が来なくなり立ち消えた。しかし、これは村の中での循環に他ならず、自然に新しい形に移行したと見ていいだろう。

ヌーケンさんの村では、2000年以降行政区という村の1つ上の行政組織が資金を出して、大きな屋根を作ったところ、外の商人が多数入るようになって、大きな市場に変わった。それに対して、ヌーケンさんたちは別の日に元のような村人だけの朝市を復活させてみたが、うまく続かなかった。今でも大きな市場は続いている。村の朝市は、その地域の状況変化に微妙に影響を受けて、それ自体が変化していることも事実だ。

第3章　地域の人々がつながり、地域が動く　　137

ヤナーン村の朝市。主役は女性。

7 地域の人々がつながってきた

　地場の市場づくりの活動を進めてきた過程で、地域にいろいろな成果が出てきた。

　まず、市場の主役は何と言っても女性たちである。お年寄りも子どもも参加している。市場委員会にも女性たちが参加している。地域が豊かになるということは、さまざまな層の人が地域の活動に参加するということである。

　次に、行政が協力してくれている。郡は市場の開催場所として郡役所の敷地を提供してくれている。ポン町当局が市場の宣伝に協力している。町立病院の医師、薬剤師、看護師は、消費者との交流会、記念行事、農業研修、野菜の残留農薬検査などに協力してくれている。

　さらに、教育においては、プロジェクト地のポン郡を含むコンケン県の南部5郡の小中学校約200校で、「地域を愛する子ども」という名称で地域を見直す教育が2005年1月から正式に始まった。学校の敷地内に農園を作り、農民が先生となって農業を生徒たちに教え、農業に親しんでもらったり、地域

の自然を見直したり、地域の人々の持つ知恵を学んでもらおうという趣旨だ。その中心になっているのが、2004年に日本視察団に参加した南部教育事務所次長(教育行政の実質的責任者)である。彼は、視察後、早速この計画を立て、実行に移した。ポン郡には生徒とその家族に学校内の農園の世話をしてもらって、給食や自宅用の農作物を作っている先駆的な学校もあり、村の小学校の校長や教師も早くから地場の市場の活動に協力してくれている。生徒たちも村の朝市を見学に来たり、市場の記念式典で展示物を出したりして、協力してくれるようになった。

環境面の効果も見逃せないだろう。農薬や化学肥料の使用量が減り、有機農業や生態系を考えた複合農業が広がっていけば、地域に自然環境が回復していくことにつながる。

ヤナーン村・ノンテー村では村の共有地を「100年の森」と名づけて、森に戻そうとしている。かつてあった豊かな森を伐採し、ユーカリを植えたりもしたが、以前のような森を再生しようと、村人共同で野菜作りをしながら植林もしているというユニークな試みだ。野菜が町の直売市場で売れることから村人が考えついた。すでに始めてから3年経って、最初に始めた土地では、こんもりとした林ができあがっている。

8 他の地域との交流を重ねて

これまで日本、ラオス、フィリピン、ベトナムからいろいろな訪問者、視察団、スタディーツアーを受け入れ、交流してきた。また、プロジェクト地からは日本、ラオス、フィリピンを訪問し、NGOや農民グループ、市民と交流してきた。これらの交流には、アジア農民交流センター、WE21ジャパン(神奈川県)、山形県長井市レインボープラン推進協議会、地球的課題の実験村(千葉県)、百姓や会(広島市)、みなとん里(佐賀県唐津)など多くの農民、市民グループが協力してくれている。

たとえば、山形県長井市では、農民と市民が協力して、町の住民の生ゴミを集めて堆肥にし、農民がその堆肥を使って有機野菜を栽培、町の市場で販売したり、学校の給食に卸したりしているという地域循環を作り出すユニー

クな活動をしている。2002年と2004年に日本に招待したタイの農民たちは、農民と市民が協力をして自主的に活動している様子に、驚きながらも大いに勇気づけられた。

　タイ国内では、北部のチェンマイ、東北部のスリン、ブリラム、カラシンなどの農民グループと交流を重ねてきた。

　海外も含め各地の人々と交流し、実践例を実際に体験することは、何にも変えがたい貴重な経験となる。また、自分たちの実践に自信を持ち、今後の活動への活力となる。特にフィリピンのNGO（ネグロス民衆農業創造計画PAP21、ルソン島北部のシュントック）と農民との交流では、海外でも同じような課題をかかえ、その解決へと取り組んでいることがタイの村人にとっても大きな励みとなり、同時に自分たちが1つの代案を実践しているという自信につながっている。

❾ NGOの役割、そしてめざすもの

　この地場の市場作りのプロジェクトでは、JVCはまず村人が村の朝市と町の直売市場を立ち上げ、運営していくという活動を側面から支援している。最初の段階では、ヌーケンさんの村で始まった朝市を関心のある村人に紹介し、視察や交流をアレンジした。そうして、次に朝市を始めた村人が他の村人にその経験を伝えていく。朝市の運営は村人自身が委員会を作って行なっている。ポンの町の直売市場はそこに参加している5地域の村人がそれぞれ2人ずつ委員を出して、合計10人で市場委員会を作って運営にあたっている。

　活動の支援の仕方は、資金や物を直接出すのではなく、視察や交流のアレンジをしたり、地場の市場の意義を知ってもらうための会員の研修や有機農業の研修などの活動に伴う費用を提供している。村の朝市は道端や村の広場で行なうので、格別施設を作る必要はないが、村によっては屋根を作ったり、長机を用意したりしているところがある。しかし、それらの施設や道具は自分たちで工夫をして調達してもらっている。また、日本での地域循環の実践例など必要な情報やアイデアがあれば紹介したり、その活動をしている人を招待して、その人に直接話をしてもらったりもする。有機農業の技術研修で

は、経験の豊富な農民を招待したり、その人のところを訪問して、指導してもらったりしているが、そのアレンジをしたり、経費を提供している。このように、情報の提供、交流や研修の機会の提供、人材の育成などを支援している。

　地場の市場作りの活動の目指すものは、現金収入を得ることだけではなく、世界的な市場経済の流れに巻き込まれて既に薄れてしまった村人同士の人間関係を市場を通して再び結びつけることである。さらに、村と村の人々、村人と町の住民とが出会い、知り合うことから始まり、行政、医者、看護師、学校の先生、生徒などが加わって、人の輪はさらに大きく広がっている。地域を変えていこうとする活動をいっしょになって行なえるような人と人との新しいつながりがつくられているのである。こうした地域の人々の活動を、社会的な運動として、総合的に支援していこうというのが私たちのめざすことだ。

　地場の市場作りという活動をきっかけとして、地域でいろいろな人がいろいろな活動を始めた。生産者である村人と消費者である町の住民そして病院や学校などが更に深く結びつく活動を今は模索している。たとえば、消費者が月ぎめや年ぎめで代金を前払いして、生産者が毎週農作物を届けるという日本の提携方式、病院や学校の給食に農作物を直接納めるような方法、また町の住民や病院や学校の出す生ゴミを集めて、農民が堆肥を作り、その堆肥を使って有機野菜を栽培して地場の市場で売るという方法など、いくつかの計画が挙がっている。これらの計画が地域の人々の工夫でどう実現されていくのだろうか、大いに楽しみである。日本においても、地域の循環を作り出そうとする活動が各地で試みられているが、私たちも互いに学びあう関係作りを今後もつなげ、支援していきたい。

　グローバリゼーションという世界規模の市場経済は、タイの農村ばかりではなく、アジア、アフリカの「南」の国々の農村を容赦なく巻き込んでいる。どの地域でも、世界経済の大きな力に巻き込まれないで村人の自立をどう作り出すかという共通の課題に直面している。地域内の循環を作り出そうというタイ東北部における地場の市場づくりの活動は、この共通した課題に対し

ての代案づくりの先進事例として、他の「南」の国々の農民にとって多くの示唆に富む活動だと言えるのではないだろうか。

【参考文献】
松尾康範、2004、『イサーンの百姓たち』めこん。

第IV部
日本の市民社会を強めるために

第1章　国益論から見たODAの潮流とNGOの位置どり

長瀬理英

はじめに

　ODAは「政府開発援助」のことだが、NGOにもODA資金が流れるようになってきた。ODA全体から見ればほんの一部に過ぎないが、各NGOにとっては大きな比重を占める場合があり、「政府」と「非政府」の境界がぼやけてきて、「非政府」とはどういうことかが問われるようになっている。
　また、ODAは本来、長期的な「開発」に資するためのものだったが、近年では紛争に関連した緊急・復興支援が大きな比重を占めるなど、これまでの「開発」分野では収まらない種類のODAが増えている。
　他方、「誰のために」ODAを使うのかということも必ずしも自明ではなくなっている。2003年8月に改定された新大綱では、「我が国ODAの目的は、国際社会の平和と発展に貢献し、これを通じて我が国の安全と繁栄の確保に資することである」と、国益が強調されている。
　NGO・市民の側は札幌、東京、大阪、福岡で、大綱改定に関する市民討論会を開き、国益強調反対の論陣を張った。その主な理由を一言でまとめるとしたら、日本の国家・国民の利益がさらに優先されることで、援助を最も必要としている人々に適切かつ十分な支援がますます行かないのではないか、より大きな悪影響が生じるのではないかという懸念だった。また、大綱改定

日本のODAで建設中のフィリピンのジェネラル・サントス港(1994年)

の動きは2002年下旬に突発し、米国によるイラク攻撃が必至との見方が強くなっていた¹時だけに、ODAがますます「外交の道具化」、「政治利用化」されようになるのではないかとの懸念もあった。

　こうしたODAをめぐる変化、特に9.11以降の変化は日本だけのことではなく、多くの援助国・機関にも見られる１つの潮流となっている。NGOは、こうした潮流に対してどのように対応していくのだろうか？　私が関係しているいくつかのNGOも、ODAに関するアドボカシーや国際協力を行なっており、私自身、国益や「非政府」の意義や意味をめぐって葛藤しているというのが正直なところだ。以下では、その葛藤を論理づけた上で将来像を素描してみたい。

---

¹ 2002年９月の国連総会演説および日米首脳会談で、ブッシュ大統領の対イラク武力行使の強い意思が明らかになった。

1．国益から見た日本のODA

❶ODA大綱改定にあたっての「国益」議論

　外務省によれば、新ODA大綱における国益の強調は、財政難やODAに対する世論の目が厳しくなっている中、また、特に自民党の中に国益を強く主張する向きがあることなどから、国益ないしは「見返り」を明示する必要があったという。しかし同時に、人道や地球規模の問題という普遍的価値に基づく取り組みも盛り込んでおり、バランスを取っているとのことだった。こうした説明には、国益と普遍的価値の追求が両立するのか、あるいはどちらが優先するのかといった点が曖昧にされたままとなっている。

　国益に関するもう1つの議論は、国益の性格に関するものだった。国益には、短期的ないし「狭隘（きょうあい）な国益」と長期的ないし「開かれた国益」があるというものだ。「狭隘な国益」とは、援助する側が目先の直接的な利益を追うもので、それによって援助される側が本来享受すべき利益が損なわれると考えられている。他方、「開かれた国益」は、援助される側の利益がやがて間接的に援助する側にも利益をもたらすと考えられている。

　新大綱は一見、「開かれた国益」を強調しているように見受けられる。しかし、こうした国益が援助される側の利益を損なわないかどうか、検証が必要だ。

❷ODAの実際における「国益」の反映
■「繁栄」に関わる国益

　国益と普遍的価値の追求に関して検証する上では、国連ミレニアム開発目標（MDG）の達成に向け日本のODAがどれだけ寄与しているかを見ることが適切だろう。

　MDGでは、「貧困削減に取り組む諸国に対するより寛大なODAの提供」[2]

---

[2]「目標8：開発のためのグローバル・パートナーシップの推進」における「ターゲット13：後発開発途上国（LDC＝最貧国）の特別なニーズに取り組む」に含まれている。

を目標として、その量と配分についていくつかの具体的な下位目標が設定されている。❶援助国の総国民所得に対するODA純額の比率——目標0.7％、❷同最貧国向け目標0.15％、❸基礎的社会サービス分野に対するODAの割合、❹二国間ODAのアンタイド化[3]比率が目安の指標だ。

国連統計局のミレニアム指標データベースにある2003年までの傾向を見ると、MDGが掲げられた2000年以降、日本の各指標はアンタイド化比率を除き、下降しているだけでなく、援助国22ヵ国平均を下回っている[4]。MDG達成に向け非常に消極的で、他の援助国、特にG7諸国と比べて「単独行動主義」を採っているように見受けられる。結論から言えば、普遍的価値の追求よりも国益追求を優先していると断じざるを得ない。

ODA予算の減額は財政構造改革を理由とした小泉内閣の方針であり、他援助国が相次いでODA増額を打ち出す中、消極的態度に終始してきた。しかし、国連安保理常任理事国入りに0.7％目標が明確にリンクすると態度を一変させ、去る7月のグレンイーグルズG8サミットでは、「今後5年間で計100億ドル（約1兆1000億円）増額」を打ち出した。

しかし、こうした「増額」の中心はイラクや重債務貧困国向けの貿易保険が絡んだ民間債権の放棄によるもので、新規供与にはつながらないようだ[5]。MDG達成に必ずしも寄与するわけではない。

では、最貧国向けや基礎的社会サービス向けODAの割合が低いのはなぜか。これは日本型ODAの特徴と裏腹の関係にある。つまり、地域では東アジア（東南アジアを含む）、分野では電力や交通などの大規模な経済インフラが中心で、大規模な資金が必要となるので贈与ではなく円借款の供与が大きな割合を占め、返済能力の弱い最貧国は対象外となる傾向にある。

この点に関し、日本政府は「開かれた国益」を強調している。すなわち、

---

[3] ODAを使った財やサービスの購入先を援助国に限定しない方式のこと。一般に国際競争入札を通じ、より安価で適正な質の財・サービスが得られるため、援助受取国にとってより有利になるということで、この方式が推進されている。
[4] 詳細は、長瀬理英「援助国はいつ責任を果たす？ 問われるODAの質と量」『月刊オルタ』2005年8・9月号．アジア太平洋資料センター．23-24頁．
[5] 『朝日新聞』2005年7月20日．

援助受取国の経済インフラ整備により外国直接投資を呼び込み、輸出志向工業化による経済成長に大きく貢献してきたというものだ。日本にとっても企業の海外進出の受け皿が作られ、安価な製品が輸入されるなど、その見返りは大きいものだった。

MDGが国際社会の目標になってからは、日本のODAが寄与した経済成長が貧困削減につながったとして、日本政府は貧困層に直接資するプログラムや人間的発展や永続可能な発展を重視するアプローチとは一線を画してきた。こうした「開かれた国益」に基づく貧困削減アプローチは、援助を最も必要としている側にとってマイナスとなっていないだろうか？

表1には、03年で日本のODAを最も多く受け取った受取国のトップ10と、国連機関が推定した各国の「ターゲット1：2015年までに1日1ドル未満で生活する人口比率を1990年と比べて半減させる」というMDGの達成進捗度・予測を示している。二国間ODA総額の約半分を占める上位4ヵ国のうち、フィリピンを除いて貧困削減目標は既に2000年時点で達成している。他方、MDG目標全般にわたって達成が困難な国が多いアフリカ諸国については、全体でフィリピン1国に匹敵する額にしか過ぎないという大きな偏りがある。外務省にこの点を質すと、アフリカに対しては欧州が、アジアに対しては日本が重点を置くという具合に分担しており、国民のコンセンサスを得ているという回答だった。

では、アジアに限った場合、日本ODAの最貧国(LDC) 9ヵ国[6]への配分はどのようになっているだろうか。これらアジア最貧国では、「ターゲット1」目標を達成できると見込まれている国はない[7]。それにもかかわらず、9.11以降のアフガニスタンを特例とすれば、日本は最貧8ヵ国に対するODA配

---

[6] アフガニスタン、バングラデシュ、ブータン、カンボジア、ラオス、モルディブ、ビルマ、ネパール、東ティモール。

[7] 2005年9月に発表された最近の進捗状況では、9ヵ国のうちデータがあるラオスおよびバングラデシュは共に達成が危ぶまれている。**表1**(2003年時の進捗状況)ではカンボジアが達成可能となっているが、2005年時点ではデータがない。ESCAP, UNDP, ADB. 2005. *A Future Within Reach: reshaping institutions in a region of disparities to meet the Millennium Development Goals in Asia and the Pacific*. pp. 13-14.

表1　日本のODA実績トップ10とMDG貧困削減目標の進捗

国　名	ODA実績(2003年) (支出純額、100万ドル)	政府貸付等の 割合(%)	貧困層の割合(%)		
			2015年 目　標	2000年 実　績	2015年 予　測
インドネシア	1141.78	82.2	10.3	8.3	2.5
中国	759.72	50.9	15.8	15.3	4.7
フィリピン	528.78	69.5	9.6	13.2	7.5
ベトナム	484.24	71.7	25.4	9.6	0.8
インド	325.79	93.5	27.0	44.2(2)	25.9
パキスタン	266.22	72.0	23.9	31.0(3)	7.5
スリランカ	172.26	73.0	2.0	6.0(4)	6.6
カザフスタン(1)	136.27	88.6	―	<2	―
アフガニスタン	134.42	0.0	―	―	―
カンボジア	125.88	6.3	24.2	35.5	21.6
小計	4075.36				
二国間ODA総額	6013.65				
アフリカ地域合計	529.98				

(註)　(1)1990年の実績が2%未満で、2015年目標はESCAP & UNDPにより設定されていない。
　　　(2)1997年実績
　　　(3)1996年実績
　　　(4)1995年実績
(出所)　外務省．2005．『ODA白書2004年版』
　　　UN ESCAP & UNDP. 2003. *Promoting the Millennium Development Goals in Asia and the Pacific*. United Nations. より作成．

分比率を増加させておらず[8]、絶対額では6.1億ドル(00年)から4.6億ドル(03年)へと減らしている。

　こうしたODAの量・配分の面だけでなく、質の面についても問題がある。確かに、東アジアでは高い経済成長が長期にわたって続き、貧困層の割合は他の地域と比べて顕著に減少した。しかし、女性・子どもや環境など他MDGでみた人間的発展や永続可能な発展については必ずしも見通しは明るくない。また、国内の所得格差も拡大傾向にある[9]。

---

[8] 対アジア合計額に占める比率は11.5%(2001年)から15.3%(2003年)へと微増傾向にある。しかし、これは2002年からアフガニスタン復興に向けた援助が急増したところが大きく、同国を除いた8ヵ国の推移は横ばい(2003年で11.8%)で1995年の水準(12.8%)さえ下回っている。

また、近年の経済成長が特に貧困層にとって大きなリスクを伴うものであることは「アジア危機」を通じて明らかになった。最も打撃を受けた貧困層は、自分たちの窮状を訴えても、民主主義的な制度の欠落、具体的には政治的自由と市民的権利の制限によって黙殺されてしまう傾向にあった[10]。

　貧困削減にとって経済成長は必要条件の1つであっても、十分条件ではない。貧困層が経済成長の利益を得るためには、さまざまな排除、不平等、不安全(インセキュリティ)をなくし人権・権利を回復／保障する一方、貧困層の社会的・政治的エンパワメントや参加を促進し、また、教育・保健、土地や資源へのアクセスなどにより人間的発展や経済的権源(けんげん)も拡充しなければならない。経済成長のあり方自体も、格差を伴わないなど貧困層にとって有利なもので、生命系や生態系に配慮した永続可能なものでなければならない。

　さらに、日本のODAが直接資するインフラ整備は経済成長のための一要件に過ぎず、貧困層に有利な経済成長を実現するための他の政策・制度・具体的施策との関連が明確にされなければならない。しかも、インフラ整備は貧困化を招く側面もあった。社会・環境配慮ガイドラインの改善により緩和対策が講じられてきているとはいえ、インフラ整備に伴う環境・社会影響により、生計手段や生活の場を奪われ、困窮している人びとが多数存在する。

　インフラ整備は目的ではなく、あくまでも一手段であって、貧困削減を真剣に考えるなら、これを中心／出発点に据えてアプローチを考えるべきではないか。問われているのは、「インフラ整備によりどのように効果的に貧困削減できるか」ではなく、「貧困削減をはじめとする人間的発展や永続可能な発展のために何をすべきなのか」である。

■「安全」に関わる国益

　「安全」という安全保障や国際政治に関わる国益を確保するためのODAが特に強調されるようになったのは、70年代末のことだ。「総合安全保障戦

---

[9] ESCAP & UNDP. 2003. *Promoting the Millennium Development Goals in Asia and the Pacific*. UN.
[10] アマルティア・セン. 2002. 『貧困の克服』(大石りら訳). 集英社新書. 47-54頁.

略」[11] の中に援助が位置付けられ、援助の実施にあたっては「経済的考慮のみならず、政治的考慮をまじえて、総合的に判断する必要がある」とされた。これは援助の外交・戦略的運用に途を拓き、「戦略援助」という援助の政治化が顕著になっていく。

特に、対米関係が重要で、「バードン・シェアリング(同盟国の責任分担)」の一環として、「紛争周辺国援助」に具体化した。1979年のソ連によるアフガニスタン侵攻後は、パキスタン、トルコに、また、ベトナムのカンボジア侵攻後はタイに対してODAを大幅に増額した。その後、米を中心とする西側諸国にとって戦略上重要な諸国への援助へと戦略援助をグローバル化させていった[12]。

90年代になると、日本の湾岸戦争への貢献(紛争周辺国援助を含む)が評価されていないという見方を契機に、「国際貢献」が強調されるようになった。カンボジア紛争に関して、国内勢力和平合意後に自衛隊を初めてPKOに参加させ、復興支援においても主導するなど、援助のあり方も、紛争周辺国への支援から紛争当事国の緊急人道支援・復興支援へと移った。

日本政府、とりわけ外務省は、日本が90年代にかけて「援助大国」となるにつれ、PKOも含め「バードン・シェアリング」を果たしている以上、それに相応しい「パワー・シェアリング(発言力・決定権の分担)」も日本の国益にとって認められるべきとの考えが強まっていった。その最大の狙いは、国連安保理常任理事国入りだ[13]。

紛争当事国への介入は、日本政府の援助における「政経分離」、「内政不干渉」原則を大きく転換するものだった。さらに「9.11」後には、紛争の性格がそれまでの内戦から「反テロ戦争」の文脈で米国を中心とする「有志連

---

[11] 大平首相の委嘱による総合安全保障研究グループが1980年8月に出した『総合安全保障戦略』報告書。
[12] 1981年5月の鈴木ーレーガン日米首脳共同声明で「世界の平和と安定の維持のために重要な地域に対する援助を強化していく」ことを打ち出してから、アジア以外の中東、ラテンアメリカ、アフリカ地域で相互関係依存の稀薄な諸国――たとえばエジプト、ジャマイカ、スーダン――に拡大適用され、個々の国への戦略援助に関しても米国からの外圧が大きく働いた。
[13] 田中義晧. 1995.『援助という外交戦略』朝日選書. 137-141頁.

合」の介入による戦争に変わり、国連憲章をはじめとする国際法違反が明らかになる中、日本の役割も憲法やODA大綱原則への抵触が濃厚なものへとエスカレートした[14]。

　日本政府は2002年5月、対アフガニスタン支援で「平和の定着」という日本特有の政策概念を打ち出した。これまでの紛争後支援から紛争中の支援までを含み、また、緊急・復興支援だけでなく和平プロセスや新政府の確立、治安維持といった政治的側面を包含する。こうして、本来ODAの対象外とされてきた新政府の行政経費や軍事部門との境界が曖昧な分野を含むようになり、また、民衆の人心掌握を通じ自衛隊員の安全を確保するため、自衛隊の「人道支援」を補完する形のODAが直接・間接に駐留地周辺部に供与されるようになった。

　また、周辺国家に対しても、反テロ戦争の文脈でODAが増額されるようになった。日本政府はODA大綱の原則を踏まえ、1998年の核実験以来、パキスタン・インド両国への新規援助[15]を停止してきたが、9.11直後の10月には解除した。2005年4月には「パキスタンの『テロとの戦いの前線国家』としての努力および将来にわたる決意を高く評価」して、新規円借款の決定を表明し、ODA大綱原則はさらに形骸化した。

　さらに、こうした「脅威」を予防するために開発援助を使おうとの動きも強まっている。米国家安全保障戦略(2002年9月)は、貧困、脆弱な制度、腐敗に特徴付けられる脆弱国家の脅威を指摘し、開発援助が自由貿易および自由市場を通じた貧困脱却、ガバナンス強化に果たす役割を国家安全保障政策の中に位置付けた。

　米国が「反テロ戦争」で「前線国家」と位置付けるいくつかの諸国に対するODAの推移(1997～2003年)を見てみよう。米国が直接介入したアフガニスタン、イラク、フィリピンと周辺国のパキスタン、ヨルダン、インドネシア

---

[14] イラクにおける米を中心とする有志連合型多国籍軍に参加した自衛隊は集団的自衛権の行使と見受けられる。また、アフガニスタンのDDR(武装解除、動員解除、社会復帰)ではODA大綱原則に抵触したという(伊勢崎賢治, 2004, 『武装解除』講談社現代新書, 226-231頁)。
[15] 新規円借款および無償資金協力(緊急・人道支援および草の根無償を除く)。

第IV部　日本の市民社会を強めるために

図1　米国の対「前線国家」ODA の推移

100万ドル（支出純額）

凡例：イラク／ヨルダン／アフガニスタン／インドネシア／パキスタン／フィリピン

（出所）OECD.2005.*Geographical Distribution of Financial Flows to Aid Recipients 1999 - 2003*

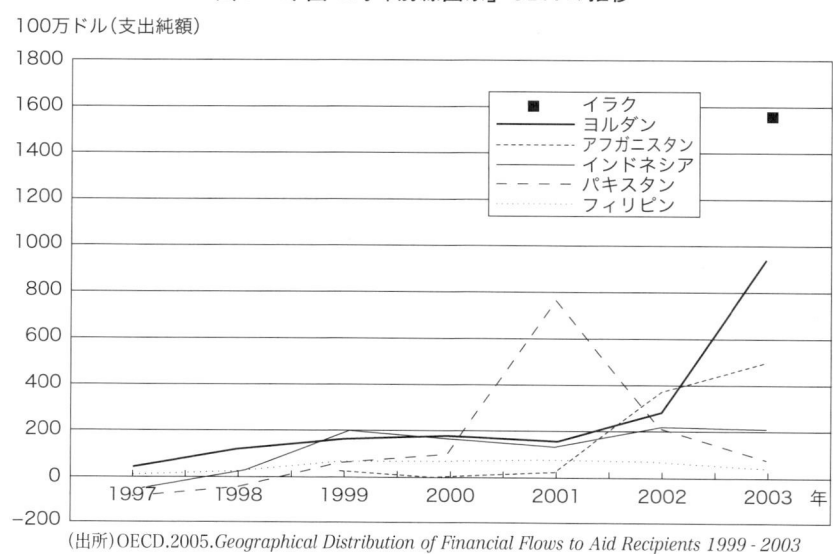

図2　日本の対「前線国家」ODA の推移

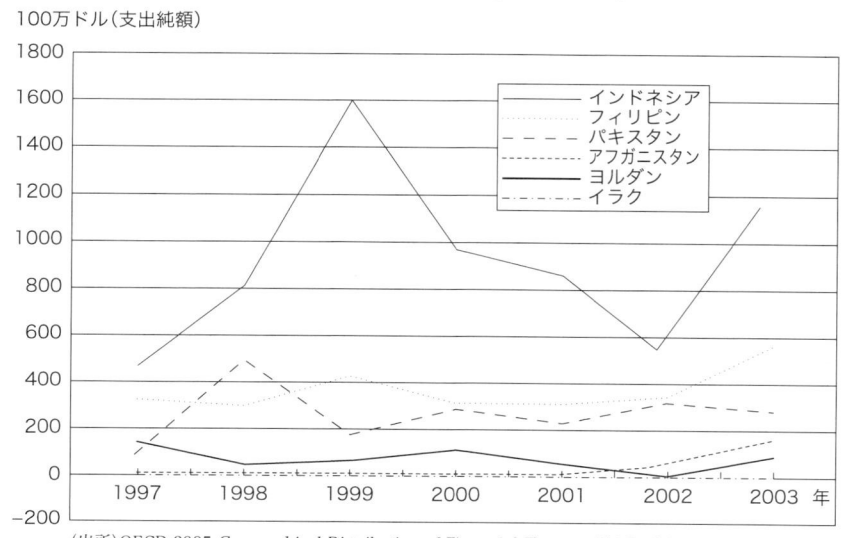

100万ドル（支出純額）

凡例：インドネシア／フィリピン／パキスタン／アフガニスタン／ヨルダン／イラク

（出所）OECD.2005.*Geographical Distribution of Financial Flows to Aid Recipients 1999 - 2003*

のうち、2001年以降大幅に増加したのはアフガニスタン、イラク、ヨルダン、パキスタンだ(図1)。

日本の場合、2002年以降アフガニスタンは連続で、2003年にはインドネシアおよびフィリピンが大幅に増加している(図2)。イラクに関しては無償15億ドルが2004年以降に支出され、さらに有償35億ドルの供与が約束されている。また、パキスタンについても、164億円の新規円借款供与が再開され、今後増加していくものと見込まれる。ODA予算が毎年減額され、最貧国への供与も減っているなか、こうした増加は際立っている。

2．ODA に対する NGO の位置どり

■1 現状──いくつかの位置のとり方

このように国益が強調され、政治化の度を増すODAに対し、ODA資金を受け取っているNGOがどのような位置どりをするかは、特に「非政府」という視点からますます問われるようになっている。端的なのが、「日本におけるODAとNGOのコラボレーションは、『金のないNGO』と『顔の見える外交ができない日本政府』が相互に依存し合わなければならない状況で始まった」[16] との指摘で、国策の一端を担うことでもはや「非政府組織」ではなくなったという「ODA・NGO相互依存／一体化」論がある。既に使われている比喩を転用すると、"ODANGO(オダンゴ)"ということで1本の串(＝国策、国益)に刺さった「ダンゴ」というイメージだ。

これに対し、ODAを受け取っている多くのNGOは、ODAという公的資金は受け取っても独立性(「非政府」)を維持し、政府には口を出させないと考えているだろう。資金が増えるだけで、活動の本質的な部分は変えないという立場で、「ODA・NGO分立」論、上記のダンゴに対し「紅白饅頭」とでもいえようか。中味のアンコ(＝ODA資金)は同じでも、赤(＝NGO)と白(＝政

---

[16] 伊勢崎　前掲書：209頁．

府)という全く違う独立した存在という意味で。

　この喩えは必ずしも正しくないかもしれない。紅白饅頭の赤は白と異なるといくら主張しても、一対で初めて意味を持つ相互補完的な関係にあり、食した人(＝援助受取者)は両方同じと言うだろう。むしろ「三色パン」の方がより適切かもしれない。隔壁の薄皮(＝ODA資金)でつながっているものの、切り離すことは容易だし、食すれば中味(＝援助内容)の明らかな違いがわかる。

　以上を整理すれば「ODA・NGO相互依存」(ダンゴ)論、「ODA・NGO相互補完」(紅白饅頭)論、「ODA・NGO分立」(三色パン)論となる。相互補完論を現場の文脈で見ると、例えば「人道の政治化」という問題がある。これには、「たとえNGOの動機が純粋で、その活動が非政治性・中立性を標榜するものであっても、与えられた状況のなかで、その活動が不可避的に何らかの政治性を帯びてしまうことも意味している」[17]。たとえば、日本政府が「車の両輪」と呼ぶイラクでの自衛隊の活動とODAによる支援との関係がある。自衛隊駐留地周辺で活動するNGOはODA資金を得て自らの人道目的を達する一方、「人心掌握」に寄与し自衛隊員の安全を確保、ひいては自衛隊派遣という日本政府にとっての外交的・政治的価値を守るという国益の文脈においてODAを補完している。

　他方、「ODA・NGO分立」はそれほど容易ではない。三色パンの隔壁はODA資金が拡大するにつれ厚くなるが、同時に内側からも組織体制などの拡大によって厚くなっていくのであり、切り離すことが困難になるとともに、下手をすれば中味が何なのかわからなくなる。他のパン生地部分(＝自己資金)とのバランスを崩さないようにして(＝自己資金を増やすか、ODA資金を減らすか)、スペース(＝自由度／独立性)を確保し、中味(＝援助内容)を充実させるとともに、実際にどのような味がしているのか食す人(＝援助受取者)の意見を中心に点検(＝モニタリング・評価)、皆に見てもらいながら(＝透明性)改善していく必要がある。実際、独立性を確保するだけの力量を備えていないにもかかわらず、組織の論理と拡大競争に埋没している組織は、「国家あるいは国際

---

[17] 西海真樹．2005．「訳者あとがき」．ギョーム・ダンドロー『NGOと人道支援活動』(西海真樹・中井愛子訳)．文庫クセジュ．153頁．

組織の単なる受給者」に陥り、「独自の政策や必要性の評価よりも利用可能な資金に応じてNGOが自らの関与を決定するような、『供給の経済』が生まれている」という[18]。

2 展望――「漂流」せず、未来を切り拓くために

　日本や国際的なODA潮流は変化しており、NGOは今後どのように対応していくのかという動態的な見通しも必要になる。好ましくない方へと向かうODA潮流に対し自覚していないと、潮流に流されるまま「漂流」し、いつのまにか「非政府」から大きく隔たったところに位置していることになりかねない。

　「漂流」の先頭にいるのは、米国政府と一体化あるいは下請け化しているNGOだ。ブッシュ政権に影響力を持つ「ネオコン」は、政府の方針や政策に異議を申したてるNGOに対し正統性を持たない集団の主張だとして排斥する。米国際開発庁(USAID)長官は、イラクで人道支援を行なうNGOは米国の外交政策とのつながりを明確にすべき「米政府の手足」であると公言した[19]。

　さらに、NGOは米政府の気に入らない外国政府を「ガバナンス」の悪さを名目に非軍事手段によって「体制転換」させる上での道具にもなる。たとえば、ハイチでは2004年2月、米国の主導により政権転覆があった。アリスティド大統領は国営企業の民営化をはじめとする新自由主義政策の受入れに抵抗してきたが、USAIDはNGOを通じ、反対派の富裕層・保守層からなる「市民社会」に援助を行なって反対運動を大きくしていき、この「経済政変」を正当化する流れを作った[20]。

---

[18] ギョーム・ダンドロー　前掲書：143-144頁.
[19] Naomi Klein. Bush to NGOs: watch your mouths. *the Globe and Mail*. June 20, 2003.
[20] 長瀬理英「大国の利益に翻弄された黒人の島・ハイチ」『月刊オルタ』2005年8・9月号．26-27頁；Thomas M. Griffin. 2005. *Haiti: human rights investigation: November 11-21, 2004*. Center for the Study of Human Rights. University of Miami School of Law. pp. 20-24；Noam Chomsky, Paul Farmer and Amy Goodman. 2004. *Getting Haiti Right This Time: the U.S. and the coup*. Common Courage Press. pp. 10-36.

「非政府」ではなくなるNGOに向かって「漂流」しないようにするためには、「ODA・NGO分立」を確保し、ゆくゆくはODA潮流から脱するよう努めていく——ODA資金を減らしていき、政府や軍隊とはなるべく一線を画して行動する——必要がある。だからといって、南北問題が解決し援助する必要が減っているわけではないのに、しなければいけないことを減らしてしまって良いのか。もっと積極的な展望として、ODA潮流自体を変えること、これに留まらず北が南に及ぼしている構造的問題を解決するためにいかに寄与するかが重要となる。

他方、現実的な問題として自己資金はどうするのか。日本の寄付総額は5600億円と米国の27兆円に遠く及ばない。寄付した個人や企業の税が軽減されるNPO法人は約2万2000のうちわずか30強だ。たとえ寄付促進税制が充実してきても、他人や社会の出来事との関係を拒否する「『関係ないよ』という姿勢を根底に置くアイデンティティー」[21]が広がっている市民の意識が変わらなければ、明るい展望が開けるとは思えない。

こうした手詰まりを長期的に打開していく方法として、北の、日本の政府、援助機関、政治家、企業、市民社会を変えていくことに力を注いでいくことが考えられる。ここでは、アラン・ファウラーのビジョン[22]を参考にしたい。NGOはこれまで、現場の活動に加え、経験の共有や政策へのアドボカシーを通じ最大限効果を高めようと努めてきた。こうした「テコ」の力をもっと大きくするために、意識的に現場の活動から学ぶことを重視しようというものだ。その際は、最も重要なアクターに対し最も効果的な手段を用いて影響を与えることを念頭に置き、相手の力を利用することにも心がけた柔軟なアプローチを採る。

より長期的には、援助資金が減ることも踏まえ、国際協力のあり方を限られた専門家による「援助」から、公正と正義、対話と仲裁という価値を重視した市民社会による南に影響を及ぼす国内・国際政策への包括的な取組み

---

[21] ノーマ・フィールド「キーワードで考える戦後60年：アイデンティティー」朝日新聞．2005年8月17日．

[22] Alan Fowler. *Striking a Balance: a guide to enhancing the non-governmental organizations in international development*. Earthscan Publications. 1997. pp. 215-234.

──「市民協力」──を多層なレベルで行なっていくものへと変える。NGOは国際協力について学ぶ社会の仲介役やファシリテータとしての実力をつけ、民衆組織や社会運動を作っていきながら、南北市民の双方向的なネットワークの結節点、ハブ、環境づくりや支援の中心になる、というものだ。

　こうした市民協力が進むにつれ、相互理解も進んで偏見や無関心も減り、さまざまなレベルで「私たち」と「彼ら／彼女ら」という境界線を超えて往来できるようになるだろう。このような構想は楽観的過ぎるかもしれないが、それがどんなものであれ目標や羅針盤がなければ、漂流から脱することはできない。今、持つか持たないかの違いは、将来、大きな差となって出てくるに違いない。

第2章　内なる「東アジア世界」と向き合う
──北朝鮮人道支援とNGO──

岡本　厚

■1 東アジアの「鬼子」日本

　NGOの活動に携わる時、人は誰しも、どこかの国家に属する「国民」としてではなく、1人の「人間」として、あるいは1人の「市民」として、それに携わりたいと考えるだろう。国境を自由に超え、世界の人々と対等に向き合っていこうとする国際援助NGOの場合には、いっそうその傾向が強い。

　しかし、もちろんいかなるNGOのメンバーであれ、どこかの国家に属する「国民」であることから免れることはできない。そもそも国境を超えるには、その身元を国家が保証し、他国の政府に保護を要請するパスポートが必要である。それだけではない。いかなる人も、その人が成員となっている国家・民族の歴史や他国・他民族との関係から自由ではありえない。

　2004年、イラクで人質になった日本人ジャーナリストは、解放後、「自分は日本の歴史に救われたと思う」とつぶやいた。彼個人ではなく、イラクあるいは中東に広がっていた日本、日本人のイメージ──たぶん、近代史において中東に暴力的、帝国主義的な介入をしたことがなく、働き者で、性能のよい工業製品を作る国民、というイメージ──が、彼らの命を救う一因となったことは間違いあるまい（このイメージは、自衛隊のイラク派遣などで相当変わってしまったと言われるが）。

　それは「戦後日本」の一面がプラスに働いたと言えるものだ。逆に、日本周辺、東アジアにおいては、日本は侵略と戦争を繰り返し、独立と民族の尊

厳を奪い、多大な犠牲を強制し、自分たちの価値観を傲慢に押し付けた「戦前、戦中の日本」の姿が深く記憶に刻まれている。そして戦後もその歴史をいまだに反省していない、というイメージが持たれている。

東アジアで働こうとする日本のビジネスマンもジャーナリストも、またNGOのメンバーも、こうした日本の過去や関係性（いわば負の遺産）から自由であることはできない。

そうした負の遺産から自由になるためには、政府や政治家やジャーナリストや多くの国民が、東アジアの人々のイメージを大きく変えるような何事かを、時間をかけてなさなければならない。

19世紀、日本は東アジアの中でいち早く資本制を取り入れ、近代化を成功させた。そして資本制生産のための原料獲得、市場獲得、資本の輸出先の獲得を目指して隣国へと進出した。「日本は、東アジア世界から離脱して近代世界に参加することによって、東アジア世界の解体を促進したばかりでなく、さらに朝鮮・中国を餌食とすることによって、その解体を積極的に進めたのである。いわば日本は、東アジア世界が産み落とした鬼子であり、この鬼子は自己の母胎を食い破ることによって、東アジア世界を解体させながら、近代世界の一員となったのである」（西嶋定生『古代東アジア世界と日本』岩波現代文庫）。

植民地支配の時代にあっても、同じ文明圏に属する隣国を侵略し、植民地支配をした例は多くない。母胎を食い破って成長した「鬼子」。この特異な近代が、東アジアにおける日本という存在を、今も規定している。

「脱亜入欧」した日本は、「固陋、専制、旧慣、残酷、無情、卑屈」（福沢諭吉『脱亜論』中の言葉）の朝鮮、中国を見下し、攻め込み、植民地化した。遅れた、弱い、野蛮なアジアに対して、日本は進んだ、強い（豊かな）文明であり、アジアを指導する国、として自らを意識した。

1945年、アジア太平洋戦争に敗北し、米国に占領された日本は、米国の冷戦政策の下、それまで緊密につながっていた近隣諸国、とりわけ中国大陸との政治、経済関係を断ち切られた。長い冷戦時代、米国だけを見ていれば生きることのできた日本は、一転して東アジアへの関心を失い、過去も現在も

忘却してしまった。

　東アジアにおける近現代史140年のほとんどの期間、日本と東アジアの関係は、このようにきわめて不正常なものであった。強い偏見と無関心——不正常な関係を反映して、日本国民の隣国観は歪んだものとなった。

　現在の中国、朝鮮を見る日本人の目線の中にも、その歪みははっきりと現れている。後進、貧困、専制、傲慢、残酷、厄介、怖い——つまり明治18年の「脱亜論」とほとんど同じようなアジア観が、今なお日本人の意識の底に流れている。

　逆に、東アジアの人々は、「鬼子」日本に対する恐怖、怒り、不信を持ち続けている。何かことがあれば、日本への強い反発と警戒心が、たちまち引き起こされる。

　日本「国民」としての私たちは、東アジアにおいて、こういう困難な構造の中にいる。

2 偏見と差別意識の連鎖

　東アジアの中でも、最も激しく歪んでいるのが、朝鮮民主主義人民共和国（北朝鮮）との関係である。近現代の140年間、日本は朝鮮半島の北半部と、一度たりとも正常な関係を持ったことがない。対等平等で相互を尊重し、友好と交易を進めるような関係に立ったことがない。

　明治維新直後から、日本政府は朝鮮を圧迫し、日清日露戦争で国権を奪い、敗戦までの36年間、植民地支配下に置いた。戦後は冷戦の中で、38度線以北の政府（北朝鮮）とは敵対・対立関係に入った。サンフランシスコ講和で、「西側」の一員であることを選択した日本は、それでも、1956年にはソ連と、1965年には韓国と、1971年には北ベトナムと、そして1972年には中国と、それぞれ関係を正常化していった。

　しかし、北朝鮮との国交正常化はなされなかった。その要因には、北側の事情もあった。しかし、日本側に、北朝鮮との正常化に向けた熱意が（中国の場合と異なり）著しく欠けていたことは否定できない。

　そして、世界を分断していた冷戦が終わって既に15年以上がたっている。

日朝間では、ほぼ同じ期間、正常化交渉が断続的に続けられている。北側が強く望み、それまで反対していた韓国(南側)も、90年代の後半から日朝の正常化を望んでいるにもかかわらず、いまだに見通しさえたっていない。日本が国連加盟国190のうち、国交を結んでいない国は、すぐ隣の国、この旧植民地国だけである(台湾とは国交はないが、あると同様の交流、関係がある)。これは世界にも例のない、驚くべきことである。
　90年代半ば以降、ミサイルの発射や工作船、拉致事件の発覚、核開発問題など、北朝鮮の行動に起因する困難が生じたことは、確かに事実である。関係正常化へいたる道筋はより複雑なものになってしまった。しかし北のそれらの行動は、冷静に分析してみれば、ほとんどが冷戦(朝鮮戦争は停戦しているだけで終結しているわけではない)と対立の中で引き起こされたものであり、朝鮮半島を含む東アジアが冷戦を脱する方向に向かえば、解決していけるものである。実際、南北朝鮮間の現状は、2000年の南北首脳会談以後、脱冷戦、和解と緩やかな統一の過程に入っており、危機は遠ざかっている。
　韓国や中国にはもはや当てはめられなくなった「遅れた、貧しい、専制的な、弱いアジア」という日本人の偏見が、北朝鮮の中に絶好の対象を見出したように見える。ひところ、テレビでは毎日のように脱北者の証言や「喜び組」の映像が面白おかしく流され、北のアナウンサーの絶叫調が嘲笑われたが、このメディアの扱い方の中に、北朝鮮に集中した日本人の偏見と蔑視、優越意識が窺える。視聴率が取れなければ、テレビはすぐに次の話題に移っていくはずだから、かなりの期間、テレビがそうした趣向を流し続けたということは、国民の意識にある何かを、こうした番組が揺り動かしたと考えられる。
　そして、結局のところ、こうした日本国民の偏見、差別意識が、北との国交正常化を妨げている最大の要因となっていると思われる。国民の意識は、政治家に反映し、政府の姿勢に反映する。マスコミに反映し、その報道ぶりがさらに国民の偏見を助長する。そんな雰囲気はすぐ相手国に伝わるから、北側に反発と悪感情を呼び起こす。悪循環である。

❸ 人道支援の"壁"

　このような両国間の不正常な関係と悪循環の中で、どんな人道支援が可能だろうか。

　もちろん、こうした難問は、日本のNGOだけが抱えているわけではない。パレスチナの難民に対して、イスラエルの「国民」は人道支援を行ないうるだろうか。チェチェンの難民とロシアの「国民」の場合はどうか。インドとパキスタンの場合はどうか。

　すべて関係性が異なっているから、一概には言うことはできない。極端な話、両国が戦争状態、あるいは準戦争状態にあれば、人道支援は非常に困難になるだろう。しかし、逆に困難な中で行なわれる人道支援だからこそ、両国民の対立を和らげる可能性もある。米軍のファルージャ攻撃の中で、包囲を突破してファルージャ市民の救出活動に向かったのは、アメリカ人とイギリス人とオーストラリア人の市民だった（ドナ・マルハーン「ファルージャで捕らえられて」『世界は変えられる』II、七つ森書館）。

　イラクやアフガニスタンで活動する日本のNGOも、アメリカの攻撃、侵攻に賛成し、また派兵もしている日本という、いわば「敵国」から来ていることになる。場合によっては、「敵国」から来た「スパイ」として捕まったり、攻撃される可能性もある。一方、その活動がイラクやアフガニスタンの人々の心を和らげていることも間違いない（これは想像に過ぎないが、イラクの自衛隊が攻撃を受けないのは、高遠さんらのボランティア活動や、目を負傷した少年を日本に連れていって治療した、イラクで亡くなったジャーナリストの奥さんを中心とした活動などがあったからではないだろうか）。

　国家間の関係が変われば、当然市民の交流、人道支援を行なう余地は大きくなる。たとえば、南北朝鮮が、お互いに工作を仕掛けあう、80年代くらいまでの厳しい対立関係にあった時は、韓国NGOによる脱北者支援、対北支援はありえなかっただろう。韓国からは「利敵行為」、北からは「スパイ」と扱われたかもしれない。軍事政権を倒した韓国の民主化と北に関わる言論の自由化、包容政策に転じた政府の姿勢などが、両国関係を和らげ、90年代後半以降のNGOの人道支援を可能にした。

北朝鮮では、90年代半ば、ソ連の崩壊による経済協力の途絶と数年続いて襲った大災害により、深刻な食糧危機が発生した。数十万から100万人に及ぶ人々が、それによって死亡した可能性がある。北朝鮮は、それ以前からも、またそれ以後も、慢性的なエネルギー不足と食糧不足に陥っており、経済的には崩壊状態にある。

JVCを始めとする日本のさまざまなNGOが北朝鮮の人道支援に向かったのは、90年代の末からだ。動機はきわめて単純であり、世界の他の地域に飛ぶのと少しも変わらなかったはずである。

飢え、栄養失調と病で苦しむ人たちへの思い、特に真っ先に倒れていく弱いものたち（子ども、老人）を助けたい、という真っ直ぐな気持ち。それは、「国家」や「国民」というフィルターを通さない、同じ「人間」としての普遍的な共感共苦の思いである。

ところが、北朝鮮に飛び込んだ日本のNGOは、2つの側面からの困難に突き当たる。いずれも、長年にわたる日本と北朝鮮の不正常な関係に起因する困難である。

第1は、北側の日本という「国家」、日本「国民」に対する不信である。それは、他のどの国に対するものとも違う感情である。常に日本に圧迫され続け、植民地にされて自主性を奪われた、という強烈な思い（それは北朝鮮国家創設の正統性をなす）、そういう「敵」に同情されたくない、軽んじられたくないという思いが、さまざまな局面で顔を出したのではないか。援助されることが恥ずかしいとか、惨状を見せたくない、という場面も少なからずあっただろう。アフリカや中東、東南アジアなどの人道支援では、けっして直面することのなかった問題である。

第2は、前述した、日本国内の北朝鮮に対する偏見と蔑視、優越感である。それに基づく激しい敵意である。「はるか遠いアフリカには支援の手を差し伸べながらも、隣国である北朝鮮は助けたくない」という心情（金敬黙・JVC編『北朝鮮の人びとと人道支援』明石書店）。人道支援の要請に、あたかも北という「悪」の体制を助けるかのような非難が投げつけられる。世論喚起や資金調達は大きな困難に突き当たったであろう。

そのいずれもが、「日本」という国家の歴史の問題であり、東アジアの近代の特異さに基づく。NGOが取り組むには、あまりに大きな、人道のレベルを超えた問題である。

4 「市民として」と「国民として」

　では、市民レベルの援助は無駄か、止めたほうがいいか、というと、そうではない。

　NGOの出発点は、同じ「人間」としての共感、同情にある。だから国境を超えることができる。苦しむ人々に、できれば直接に、同じ「人間」として、援助する。この原点が重要である。国同士が対立していても、人間同士として働くことが可能になる。

　NGOが大切にしなければならない原則は、ここから導かれる。その第1は、「自立性」である。NGOは、いかなる国家、政府、企業などの代行でもなければ、請負でもない。そうあってはならない。結果的に、政府の外交を補完することはあるかもしれないが、初めからそれを目的として活動すべきではない。とりわけ、北朝鮮との関係のように、政府間が複雑に対立しているとき、NGOの自立は相手側の信頼を得る絶対の条件となる。

　第2の原則は、「対等性」である。高みに立って貧しいもの、弱いものを"助けてあげる"のではなく、同じ「人間」として、同じ弱さや悲しみや誇りをもつ「人間」同士として、困った時に手を差し伸べあうというのがNGOの基本精神であろう。助けられる側は、多かれ少なかれプライドを傷つけられるものである。北朝鮮のように力で圧迫され続けてきた国は、特にそうした傾向が強い。「KOREAこどもキャンペーン」の、北の子どもたちに絵を書いてもらって交換するという試みは、その意味でとてもいい活動である。

　第3の原則は、「直接性」である。NGOは、現場に行き、直接相手に会う。1人ひとりと顔を見せあい、言葉を交わし、あるいは飲み食べ、共に働く。「日本人」と「朝鮮人」ではなく、具体的な名前と顔と心をもった「人間」として相手に姿を見せること、相手の姿を見ることが原則である。抽象

的な「日本人」あるいは「朝鮮人」には、偏見や敵意や恐怖を抱きやすい。戦争の前には、必ずプロトタイプの民族像や宗教像がばら撒かれ、憎悪が煽られる。具体的な個々の人格に出会えば、そうした偏見は溶けていく。

その意味で、NGOが現場に出かけていくことは、きわめて重要である。北のある人々には、プロトタイプの「日本人」でない日本人の姿が見えたはずである。逆に、あまりにも日本の中で、北朝鮮の人々の具体的な姿が見えていないことが問題である(テレビはいつも、同じ場面しか映さない)。

日本の子どもたちからのメッセージを熱心に読む平壌の小学生

　こうしたNGOの原則を守って活動するならば(JVCはそれを基本的に守ってきたと考えるが)、前述の北朝鮮支援の2つの困難のうち、第1の困難は克服することが可能になる。実際、日本のNGOは、努力と誠意によって、北朝鮮から受け入れられ、ある程度の信頼を得ることに成功したといえるだろう。

　問題は第2の困難(日本国内)である。たぶん北へ行ったNGOのメンバーは、「あなた方は信頼するが、日本政府は」とか、「日本のマスコミは」といったセリフをしばしば聞いたに違いない。同じセリフは、たとえば韓国などでも聞くことがある。

　日本国内の人道支援NGOの活動として、アドボカシー(政策提言)活動、世論の喚起と資金調達、地球市民教育が挙げられている(前掲『北朝鮮の人びと

と人道支援』)。この中には、メディア批評なども含まれる。これらの活動は重要であるが、他地域(たとえばアフリカ)を対象としても同じことが行なわれている。北朝鮮問題も同じでいいのだろうか。

　ことは、日本という「国家」の歴史、「国民」の生き方に関わっているからである。「国家」「国民」のフィルターを通さない人道援助活動をしていることが、国内では「国家」「国民」の壁にぶつかる。この矛盾をどう解いたらいいのか。

　「国家」がなすべきことは、市民が代わってなすことはできない。「国民」がかかえた問題は、「国民」によってしか解決できない。国交正常化や植民地支配への補償は国家の仕事であり、政府や議会、政党が行なうべきことである。

　NGOのメンバーが日本「国民」であれば、参政権を行使したり、政党、議会に働きかけることによって、政府の方針を変える、つまり「国民」としての責務を果たす以外にない。そして、人道支援NGOとして行なうことと、日本「国民」の責務として政治に参加することとは、(少なくとも意識の上では)明確に分けられなければならない。

　政治に関わるということは、権力に関わるということである。「国民」として政治に関わることは当然だが、人道支援NGOとして関わることは、その存在の基盤を揺るがしかねない。政治権力からの自立が、NGOの力の源だからである。政党やマスコミに、NGOとして常に情報を伝え、政策を提言することは重要だが、デモ呼びかけの主体になることは微妙なところで、疑問なしとしない。

5 ナショナリズムの高揚の中で

　2005年の春、中国で反日デモが高揚した。それをある中国人留学生はこう表現した。

　「中国に『国民』が生まれつつある」と。つまりこれまでは、指導者の下に一塊の「人民」しかいなかったのが、自らの意思を持った国民とそれが形づくる国民国家になりつつある、というのである。「国民」を支えるのは

「ナショナリズム」である。

　グローバリゼーションの中で経済的に勃興しつつあるのが、中国、インド、韓国、ロシア、ブラジルなどだが、グローバリゼーションは常に「自分とは何か」という不安を引き起こす。民族、宗教、文化などが見直されるのはそのためだ。

　これから、東アジアは「ナショナリズム」高揚の時代を迎えるかもしれない。統一へ向かう朝鮮半島もまた強烈な「ナショナリズム」を発揮する可能性がある。その意味で、東アジアはヨーロッパとは異なる。ナショナリズムはいわば「制御できない情熱」であり、その熱によってすさまじい悲劇が引き起こされたことを、ヨーロッパは知っている。日本もかつてその熱に浮かされて暴走した経験を持つが、今またナショナリズムを高めようとする傾向が生まれている。

　ナショナリズムは他者(敵)を必要とする。中国、韓国にとって、鬼子・日本は格好の「敵」になりうる。相手を敵視すれば、相手にも敵対意識が生まれる。相互に対抗意識は大きくなる。その意味で、ナショナリズムは「鏡」のように、相手に映った自分の影である。

　問題は、いかにこうした「制御できない情熱」を制御していくか、である。これは論理でなく、感情であるから、水をかけ、肩透かしをし、お互いに冷ましていくしかない。

　ここでも立ち現れるのは「国民」である。「国民」同士の熱に浮かされたような対抗競争に巻き込まれることなく、その熱を冷ましていくために必要なのは、ここでも国境を超えた市民の自立性と対等性と直接性ではないか。その意味で、東アジア地域のNGO同士の連携と協働は、これからの大切な資産になるだろう(たとえば、韓国で「竹島」問題を聞かれ、中国で「靖国」や「尖閣」問題を問われた時、どう答えるべきか。問いそのものを問う形以外ないのではないか)。

　誰も「国民」であること、その負の遺産から自由にはなりえない。「国民」が作り出した問題は「国民」が解決する以外にない。国交正常化や関係改善は政府の仕事であり、それを促すのは「国民」としての責務である。一方で、

国内の状況を変えていくためには、国境を超えた「市民」の視点と市民同士の連携が重要な役割を果たす。

　北朝鮮を始めとする東アジア諸国への人道支援を継続していくこと、その活動や相手国の人々の具体的な表情を常に日本国内にフィードバックしていくこと、平凡な結論だが、地道な支援活動の継続こそが道を開いていくと考える。

最も近く遠い国に向き合うこと

寺西澄子

　日本に暮らす人々の「朝鮮半島」に対する視線は、この数年で大きく様変わりした。地理的にも歴史的にも密接な関わりを持つ隣国との関係は、一歩踏み込めば、植民地支配や差別意識、冷戦構造の温存等々敏感な問題に突き当たりかねないため、慎重に過ぎて目に見えにくい、ベール越しとでも言うべき状況にあった。むろん、韓国民主化運動に連なる大きなうねりや、政財界の濃い交わりはあったが、これまでの朝鮮半島像は、現在の日本において「大衆化」してしまったそれに比べれば、限定的なものではなかったか。

　今、日本では朝鮮半島に関するニュースが絶え間なく流れ、大勢の日本人が「朝鮮半島」に無関心でいられなくなった。韓国では日本文化開放政策によって、それまで少しずつ流れ込んでいた「日本」が公式的に入る過程があったが、日本ではある日突然「韓流」が怒濤のように流れ込み、社会を席巻したかのようだ。さらに、2002年の日朝首脳会談でパンドラの箱が開いた。北朝鮮による日本人拉致の事実は、日本が堂々と北朝鮮にもの申せるのだ、という風潮を確固たるものにした。これは、日本が世界の中で「普通の国」になろうとする、その動きとけっして無縁ではないだろう。

　JVCの北朝鮮における活動も、上記の流れに少なからず影響を受けている。1995年に北朝鮮で起こった大雨・洪水の被害に対する緊急救援から始まった活動は、「最も近いところで苦しむ人を助けたい」という単純な動機から始まった。他のNGOとともに「KOREAこどもキャンペーン」を組織し、託児所や育児院など子どもが利用する施設への小規模な食糧支援を継続、2000年には協同農場の託児所に電力が供給できるよう太陽光発電機を設置す

るなど、限られた現地訪問の期間と活動資金の中で、可能な限りの活動を行なってきた。常に心がけるのは、互いの顔が見える人間関係を築くこと。だが、こと北朝鮮において、相手におもねることなく、しかし配慮を欠かさずに信頼しあえる関係を築くのは容易ではない。日本語を学ぶ学生が「毎朝地下鉄の中で、英語や仏語は大きな声で音読練習もできるが、日本語は教科書を開くことさえ憚られる」と話すほど、日本への視線が厳しい国である。一方の日本も北朝鮮に対する屈折した感情を持っている。こうして築きあげた関係は、何か「事件」が起こるだけで、すぐに壊れかねない脆いものだ。よって痛感するのは、北朝鮮と日本どちらにおいても、人々(世論)の支持を得なければ意義ある活動はなしえない、揺らぐことのない基盤が必要なのだ、ということである。

　現在、食糧支援のような人道支援活動とともに、活動の柱となっているのは、子どもの絵画展を通じた交流である。これには日本(在日コリアンを含む)、北朝鮮、そして韓国の子どもたちが参加している。お互いの絵を見て、メッセージを読み、そしていつか、実際に顔を合わせる。そうして形作られていく息の長い交流。これまで「不正常」な関係にあった原因を、時間をかけて理解し、改善していく。その過程で私たちは、日本における急激な(人々の心が十分に追いついておらず、相互理解もままならない)「朝鮮半島の大衆化」に対する1つのオルタナティブを提示していきたい。

第3章　市民社会の中で裾野を広げる
――地域密着型・市民参加型のNPO／NGOの8年間の実践――

小川秀代

■1 市民社会づくりの入口に立つ日本

　これまでの日本社会で政治・経済に影響を及ぼす存在は、営利を目的した大手企業と税金で仕事をする自治体などの公的な分野である。そして、企業は選挙支援や政治献金といった形で政治家個人や政党へ働きかけ、それに応えるために、日本の政治は長い間、企業利益誘導型で動いてきた。日本政府によるODA(政府開発援助)の分野でもその傾向が顕著だ。そして、社会を構成するもう1つの大切な分野に非営利活動(事業)がある。ただし、協同組合や公益法人等に代表される非営利団体は、企業や行政に比べれば圧倒的少数と言える。

　しかし、1999年に施行された特定非営利活動促進法(以下NPO法)の制定により、これまで任意団体として地道に地域で活動を続けてきた自発性の高い市民が次々と法人格を取得し、この5年間で全国の特定非営利活動法人(以下NPO法人)は2万団体を超えた。その中には、JVCを始めとする、国際協力・人道支援に実績を持つ多くのNGOも含まれる。

　これまでの任意団体が法的に組織として人格を持つことができることから、NPO法の制定は日本社会において重要な意味を持つと思う。法人同士として、営利企業や行政との対等な契約行為等が可能になり、加えて、団体の定款、事業計画、予算・決算等の公開や説明責任、民主的な組織運営が求められるので、非営利な市民活動(事業)全体の力量が高まる。このように、非営

利活動を支える法整備の視点から見ると、日本はやっと本格的な市民社会の入口に立ったと言えるのではないだろうか。

　WE21 ジャパン(以下 WE21)は、36の地域組織を束ねる本部組織として、活動拠点となる55店舗の「WEショップ」の物件契約や事業開設のための借入金の主体となり、返済責任を負っている。したがって任意団体のままではリスクが大きすぎ、1998年の活動開始直後から NPO法施行を待って、2000年2月には法人格を取得した。その後地域組織も、WE21 からの分権と自治を確立するために、各組織が NPO法人格を取得し、連携してきた。

　今後は、ますます NPO／NGO 同士がネットワークする力が求められる。そして、現場の活動を通じての説得力のあるアドボカシー(政策提言)が、市民社会の豊かさにつながると私は信じている。

2 「専業主婦」の力

　戦後日本の経済成長の影には、企業戦士としての男性の長時間労働を支えた「専業主婦」と呼ばれる女性たちがいる。高度成長期時代には、女性が家事、育児、介護、地域活動等(アンペイドワークと総称)すべてを担い、外で仕事をするのは男性という性別役割分業が進んだ。その結果、母親の子どもへの教育熱の高まりが高校進学率を跳ね上げ、大学入学者数の増大と共に日本社会の高学歴化に寄与している。しかしその一方で、専業主婦のアンペイドワークへの社会的評価は低く、夫の給与に扶養家族手当てとして上乗せされるという程度でしかなかったのである。

　さまざまな能力や経験を持つ専業主婦たちの力に注目し、市民参加型の手法でその力を引き出すことに成功してきたのが、生活協同組合(以下生協)の活動だ。

　WE21 には、生活クラブ生協(以下生活クラブ)の組合員活動の経験者が多くいる。生協として30年の歴史を持ち、30～40代の専業主婦が中心の生活クラブは、「自主管理・自主運営」をモットーに組合員活動が活発な生協として有名だ。組合員自身がいっしょに活動する仲間を増やしながら、生産者と共に環境に配慮した安全な食材の開発にも関わり、社会的な組織リーダーとし

フィリピンのPO(民衆組織)タロイノルテ青年団と

ての経験を積んでいく。そして、生産者側も、契約栽培をすることによって、安心して安全な作物を作ることができる。

3 アジアの人たちとの共通課題

　全世界の人口(約64億人)の6割が住むアジアは、80％が農民である。特に東南アジアでは、貨幣経済の導入で、多くの農民たちは売るための農業への転換を余儀なくされている。その結果、農薬、化学肥料づけの換金作物栽培が農地を疲弊させ、農民は大規模農業への設備投資による借金をかかえている。そして、借金を返すために都会へ出稼ぎに行き、そのまま家族が離散し、都会ではスラム化が進んでいる。日本のNGOは、村の人たちと共に、環境の復元や地域コミュニティの復活をめざした有機・複合農業への転換を進めている。NGOの支援の一環としての有機農家と消費者をつなげる仕組みづくりは、日本と同様、重要な課題である。

　WE21のスタディツアーでは、支援先の村の人たちからの質問に対し生活

クラブでの経験を説明する場面がある。環境問題は訪問先でも深刻で、ホームステイした村で合成洗剤に代わる石けんづくりをしたこともある。タイやフィリピンの人たちが来日する際には、生活クラブの参加型の運営や物流のシステムの現場を見てもらい、課題解決の方法を共に学ぶ機会を積極的に作ってきた。

4 平和政策から生まれた「WE21ジャパン」構想

　生活クラブは、活動から見えてきたさまざまな生活課題を政治の場で解決しようとしてきた経緯がある。直接のきっかけは、環境を汚染し、健康被害の点から問題のある合成洗剤を追放する条例制定の直接請求運動だ。組合員が中心となって実行委員会を作り、22万人の署名を集め、神奈川県下7市の議会に提出した結果、すべてが否決された。

　それならば自分たちの代表を政策決定の場へ送ろうと、女性たちが奮起した。1983年に川崎市に第1号の議員が誕生。それが神奈川ネットワーク運動（以下NET）というローカルパーティ（地域政党）の始まりだ。現在、神奈川県下19の自治体に、NETに参加する地域組織（以下地域ネット）があり、大勢の市民が会員として日常活動に参加し、県、市、町議会へ、女性議員を34人送り出している。

　WE21ジャパン（WE＝Women's Empowermentの略）の最初の構想は、1996年にNETが立ち上げた「市民からつくるアジア安保」研究会の平和政策から生まれた。同研究会は、アジアの人たちとの連携によって実現する「人間の安全保障」の視点から、具体的な政策提言をまとめている。その手段として、軍事力によるのではなく、People to People（人と人）、Local to Local（地域と地域）、Coop to Coop（生協と生協）が連帯することを掲げている。

　そこで、女性たちが地域から平和を作る運動のモデルを求め、イギリスNGOのOXFAM（オックスファム）を訪問した。OXFAMは現在、イギリス本土で約860店舗の「OXFAMショップ」をボランティアで運営している。そこで販売する中古衣類や雑貨はすべて市民からの寄付で、収益は世界100ヵ国以上で人道支援を繰り広げるOXFAMの活動へ活かされる。この仕組

みを学んだことが、WE21構想の始まりだ。

5 「もったいない」という日本文化への期待

　OXFAMと同様な事業が果たして日本で実現可能かどうかを考えた時、イギリスのような寄付文化が定着していない日本社会の中には、それに変わる古くからの「もったいない」という物を大事にする独自の文化があることに注目した。そして、その「もったいない」を「WEショップ」を介して海外支援という社会貢献につなげることを目指し、WE21構想が、実現に向けて動き出した。

　1998年4月、私の住む厚木市に「WEショップ」第1号店が開設された。当時の厚木の地域ネットメンバーが中心となって設立準備会を立ち上げ、物件を探し、地域の人たちへの参加を呼びかけながら進めた。約300万円の開設資金をかき集め、物件契約書にサインをした瞬間は、準備会メンバー一同「清水の舞台から飛び降りる」気持ちだった。「日本に他に類のない、非営利・市民事業が、果たして自分たちでやっていけるのだろうか？」という、まさに不安をかかえながらのスタートだった。

　しかし、その後、チラシまきや口コミの成果があり、寄付の品はどんどん集まった。私たちは、地域に「もったいない」の文化がしっかりと根付いていることに感謝し、不況と言われながらも、日本社会の物質的な豊かさを実感した。同年6月には横浜市の泉区に、10月には平塚市に、と次々にWE21の運動は広がっていった。短期間でこれだけの地域に活動が広がった背景には、地域ネットメンバーの存在がある。自分たちのまちにもWEショップを開き、NETの平和政策の一環として、リユース・リサイクルと平和活動の拠点を作ろうと、物件探しや参加する人たちへの声かけの機動力となった。

6 女性たちの未来への投資

　2001年には1年間で17店舗のWEショップが開設され、活動地域が一挙に広がった。お店の立ち上げ資金は、1人10万円の個人貸付金を1店舗15人、加えて女性・市民信用組合設立準備会(以下WCB)からの長期借入金でまかな

ってきた。借入責任は、すべてNPO法人WE21である。

　これまで、WE21は、総額約1億4000万円の借り入れを起こしてきた。その内、WCBからの7000万円の借入金は、来年度完済予定だ。個人借入金は、これまで700人(ほとんど女性)を超えた。NPO法人取得の際に、認証を担当する神奈川県の職員から、「これからどうなっていくかわからない事業に、よく10万円も貸してくれますね」と聞かれ、「未来への投資」だと答えたことを思い出す。

7 参加・分権・自治・公開を基本にNPO同士がネットワーク

　WEショップの開設は、地域の人たちが設立準備会(以下準備会)を作り、原則、自分たちで準備を進める。WE21は本部組織として、準備会と連携しながら全般のアドバイスをする。同時に「なぜWE21の活動をするのか」というショップ開設フォーラムを地域で開催し、参加ボランティアの共感を高めていくことが重要である。あくまでも設立主体は地域のメンバーであり、WE21は側面から支えるのである。

　WEショップ開設後の事業経過を見て、準備会はNPO法人格取得のための設立総会を開き、自治する機能を高めていく。現在36のWE21地域組織のうち、33団体がNPO法人となっている。

　一方で、地域の活動が広がれば広がるほど、全体を集約し、危機管理とマネージメントをするWE21の本部機能の充実が求められた。そこで、地域組織が11団体、WEショップが12店舗になった1999年12月に、初めて横浜にWE21本部事務所を構えた。それまでは、厚木1号店が事務所代わりとなり、理事会も毎回他団体の会議室を借りて開催されるといった状況だったのである。

　このように、各地域組織がそれぞれNPO法人格を持ち、さらにWE21と法人同士のネットワークで活動を展開する組織運営が、WE21の特徴である。中央集権的ではなく、参加・分権・自治・公開を基本に運動を進めるこの手法は、これまで紹介してきた生活クラブやNETと共通する。それぞれ活動する分野は異なるが、この手法にこだわることによって、自分たちで課

題を解決する力を持つ人材が地域に確実に増え、市民社会の担い手となっていくのである。

　ちなみに、WE21のモデルとなったイギリスNGOのOXFAMは、全国に数ヵ所本部機能を持ち、OXFAMショップの会計は本部で一括管理され、人事も含めて中央集権型だ。活動の経緯から見て、WE21とは大きく異なる点と言える。

8 年間50万人の社会貢献

　WE21は、これまで述べてきたように、「地域密着」「市民参加」というコンセプトで8年間活動してきた。その結果、多様な価値観や経験を持つ人たちの参加が広がっている。この人の広がりこそが、WE21にとってかけがえのない財産であり、目的を実現するための力となっている。ただし、大勢になればなるほど、自分たちの活動目標が見えなくなりがちだ。なぜWE21の活動をしているのか、何をめざしているのか等の説明責任がこれまで以上に問われてくる。WE21の2本の活動の柱から分析してみる。

【リユース・リサイクル事業】（2004年度活動実績から）
❶ WEショップ年間総売上　約2億8000万円

　以下に述べるさまざまな立場で、WE21の活動に参加した年間50万人の力によって生まれてきた貴重な数字だ。ボランタリーな人と人のネットワークで、WEショップは、人が集まる場所という地域経済効果をもたらしている。一方で、総売り上げの約7割が全WEショップ事業の必要経費として支出される。このように補助金、助成金等をほとんど受けず、自前資金で54店舗すべての継続した事業運営と海外支援事業の実施、および36地域全体マネジメント経費をまかなっている。

❷年間顧客数　約40万人

　無償で寄付された品物に、2億8000万円という新たな使用価値を生み出した人たちの数である。そしてWEショップはマネージャーやボランティアとの会話を楽しみに訪れる人も多く、子育て中の若いお母さんや一人暮らし

の人たちにとって、人との出会い、コミュニケーションの貴重な場ともなっている。しかし、買い物する行為が資源の活用やアジアへの支援につながる社会貢献であることが、WEショップと他の営利のお店との違いであることをもっと広く知らせていきたい。

❸寄付者　約8万件

自宅で使わなくなった品物を仕分けし、お店に持参してくださる品物寄付者の数は、年々増えている。WE21のホームページを見て、全国から寄付の品が送られてくるようになった。寄付者の好意を最大限に活かすために、お店で販売しなかった中古衣類は、WE21が提携する故繊維業者(中古衣類回収・資源化業者)の選別工場に搬入。そこでさらに80種類以上に仕分けされ、アジアの市場に出る。また、季節外の衣類は大型の倉庫で一括ストック管理し、季節ごとのリユースの価値を高めている。

❹ボランティア人数　延べ1万1000人(登録人数は約1500人)

各地域では、ボランティアミーティングを開催し、WE21の活動の仕組みや目的、支援について意見交換をすることで、活動全体への理解を広げている。そしてボランティアが単なるお手伝いではなく、活動の主体的な担い手となってもらえるよう働きかける。また、お店のワークはもちろんのこと、古着からリメイク作品を作ったり、広報の作成、翻訳、支援活動等に関心を持つ人たちが増えてきたのも、嬉しい動きだ。

❺WE21地域NPO法人代表　36人

各代表は、運営委員会(法上の理事会)を主催し、WEショップの事業経営や法人としての支援決定など、全体の取りまとめを担う重要な人たちである。しかし、多様なボランティアワークで事業を継続させていくことは簡単ではなく、日々課題が出てくる。WE21は、代表全員が集まる「経営会議」を毎月開催し、WE21全体方針への意見交換やお互いの課題を出し合って、経験を共有しながら解決方法を討議する共育の場を持っている。そして、今後は当会議のあり方を見直す組織改革の議論が始まる。自らの組織を民主的に作り変えることができるかどうかは私たち自身の力量にかかっており、WE21にとっては新たな学びの場と言える。

第3章　市民社会の中で裾野を広げる

❻ WE ショップマネージャー　約80人

　54店舗の WE ショップには、約80人の有償のショップマネージャー(以下マネージャー)がいる。マネージャーは、地域の運営委員会から人選された運営委員の１人であると同時に、マネージャー自らが出資し、自主運営する「WE ショップマネージャー・ワーカーズコレクティブ」(以下 W. Co)という組織の一員でもある。マネージャーによるボランティアマネージメントは、事業全体を見ながら、多様なボランティアがやりがいのある活動ができるように仕事配りをし、なおかつ WE21 への共感を高めてもらうという、大変難しい仕事だ。WE21 は W. Co 代表やゾーンマネージャーと協力し、毎月マネージャー会議を開催し、マネージャーがぶつかる課題解決に向けての議論を進めていく。毎日のショップ業務に追われがちなマネージャーにとって、原点に戻り、WE21 の目的を確認しあう、各種講座や研修会への参加は重要だ。

❼ WE21 地域 NPO 会員　合計約1000人　　WE21 本部会員　約200人

　WE21 では、法人定款に定められた理事会以外に、2005年度、３つの委員会、５つの部会、８つのチーム等が活発に活動している。そこには、36の地域組織からのべ120人以上が参加し、有機的な動きで WE21 全体の活動の質を高めている。特に、WE21 の民際支援のあり方について学ぶ「支援チーム」に期待がかかる。

【民際支援活動】

　WE21 では、海外支援事業に関して、国を際立たせる「国際」という表現を使わず、市民と市民の交流という意味から「民際支援」という表現を使っている。そして支援金は、これまで述べてきた年間50万人の人たちの参加によって生み出された収益と、NPO 法人会員の会費が主な財源だ。今後は、WE21 の活動への共感を広げる努力をし、寄付金を呼びかけていくことが組織的な課題となっている。

❶ １年間で17ヵ国へ総額1600万円を支援

　2004年度の WE21 全体の支援先を見ると、約４割が JVC のプロジェクト

となっている。この8年間、WE21は、支援先である現地報告会を毎年頻繁に開催してきた。その度に、私たちは人材育成の重要性を痛感し、NGOスタッフ人件費も支援の対象としてきた。課題を持つ住民自らが解決する力をつけていくことが支援の目的であり、「魚を与えるよりも魚のとり方を教える」ことが重要であることを学びながら、JVC等国内NGOとの連携でWE21全体の支援の方向が整い始めたのは、ここ数年だ。毎年着実に支援金は伸び、地域組織を含めたWE21全体の支援実績は、2004年度の支援先は17ヵ国、支援金総額は1600万円となった。WE21の目的は、支援を通じてアジアの人たちと顔と顔の見える連携を広げ、共に生きる平和な社会を作ることである。36の地域が主体的に支援を決定することで、1年間で17ヵ国の人々との連携が実現したのである。

❷共育の場としてWE講座開催は年間約100回

WE21では、支援を決定する過程がアジアの人たちと私たちの暮らしの関係性を知る大事な学びの場であるととらえている。現地プロジェクトの長期計画と継続支援のポイントや、最終的にはNGOが撤退することの重要性。また、国境を超えたグローバル経済の仕組みの中で世界の貧困格差が拡大している現状やアジアを取り巻く状況等を現地スタッフの報告から知ることができる。WE21も含め全地域でのWE講座は年間100回を超える。

❸私たちの暮らしとアジアの人々をつなぐスタディツアーの開催

タイやカンボジアのスタディツアーでは、JVCのプロジェクト先を訪問し、村の人たちとの交流を深めている。フィリピン、バングラデシュ、インドでも実施。そして帰国後は、参加者は各地域組織で報告会を開き、自分の体験を通じて、WEショップからアジアの人々とつながっていることを1人でも多くの人たちに伝えていく。WE21にとって、この活動はとても重要である。まずはお互いを知ること。そして、自分たちの毎日の暮らしとの関係性を知り、できることから行動する人たちを増やしていくことが平和の原点であり、地域密着型・市民参加型NPO／NGOとしての、WE21の大切な目標となっている。

❹「アジア交流市民の家」事業の推進で広がる連携

第3章　市民社会の中で裾野を広げる

バングラデシュ、アドルセント(少女)グループとの交流

　WE21は、これまでの国内NGOを通じた支援とは異なる、独自支援事業として「ベンゲット・ネットワーク」と連携する「アジア交流市民の家」事業を推進している。ベンゲット・ネットワークとは、多くの地域組織が支援してきた、フィリピン・ベンゲット州のNGOがサポートし、同州の15のPO（住民組織）がお互いの課題を解決するために設立したネットワーク組織である。WE21は、ネットワーク組織どうしの連携がさらに幅広い人と人、地域と地域の連携となり、フィリピンと日本において共に平和を築く裾野の広がりを目指している。

❺「経験交流事業」での学び合い

　WE21では、支援先の人たちを日本に招聘し、私たちの活動の経験を共有する「経験交流事業」を、2004年から本格的にスタートした。タイやフィリピンの人たちが持つ課題が私たちが取り組んできた課題と共通であることを知り、彼ら自身の目や耳で直接学んでもらおうと考えたのがきっかけだ。また、スタディツアーにはなかなか参加できない多くの地域の人たちとの報告

会や交流会を企画し、地域のWEショップがアジアの人々とつながっていることを実感してもらう機会となっている。来日したメンバーも、大勢の人たちのボランタリーな善意から、支援金が生み出されるWE21の仕組みを学び、お互いの理解が深まっている。

❾市民社会の広がりが未来への希望

これまで述べてきたように、WE21は、年間50万人の市民の参加が基本となり、36の地域組織や4つのWEショップマネージャーW. Coがネットワーク組織として有機的に活動している。それによって、営利を目的とした市場経済の常識では不可能なリユース・リサイクルによる民際支援事業を可能にしてきた。お金には換えられない価値を生み出しているこの市民の動きが日本の市民社会の広がりを示唆していると思う。

ただし、年間50万人に対して、「WE21の目的は何か」の説明責任はまだ十分とは言えない。WEショップはボランタリーな非営利事業であっても、毎日の業務は大変忙しく、現場では他の営利のお店と変わらないルーティンワークが繰り返されている。そして、いつの間にか「リサイクルショップ」を運営することが一番の目的となり、日常の風景と化してしまうのである。地域の人たちがWE21に参加するきっかけは多様であっても、アジアの人たちとお互いが持っているものを分かち合い、共に生きる平和な社会を作ることがWE21の目的であることを、志高く、声高らかに伝えていくことが必要である。

これからも、WE21全体の内実を高め、市民社会の担い手を増やしながら、JVCを始めとする他のNPO／NGOと連携し、平和な未来を創っていきたい。

あとがき

　本書の編集に関わったひとりとして、本書ができるまでの経緯と編集を終えての感想を述べておきたい。これまでJVCは10周年で『NGOの挑戦』、20周年で『NGOの時代』を、いずれも(株)めこんから上梓してきた。私自身、後者に関しては今回と同じように編集に関わった。今回は25周年ということで出版企画はなかった。

　しかし、この5年間、世界は激しく変わった。人々のつらさや困難がいっそう広く深くなった。背景にあるのは、世界をすみずみまで覆うようになった、いわゆるグローバリゼーションである。自然や生命や人権といった商品にしてはいけないものにまで値段表をつけ、市場で競わせる。その結果は貧困と飢餓の拡大と環境破壊・人権侵害の普遍化であった。そこから絶望と憎悪が生まれ、武器をとる人、自身の身体そのものを武器とする人が出現した。それを押さえ込もうと超大国が人々の上に爆弾の雨を降らせ、戦車をくりだし、劣化ウラン弾を浴びせた。一群の国々がそれに付き従った。市場競争に勝てなかった地域は衰微し、むらと農とくらしの営みが壊れた。悲しみが、困難が、うらみが世界に満ちた。

　たくさんのNGOが世界中からそれぞれの現場にかけつけ、それぞれの思いをかかげて現場に立った。しかし、絶望、憎悪、悲しみ、困難の連鎖は減るどころかいよいよ広く深く世界に根を張った。NGOとは一体何なのか、自分たちはここで何をしようとしているのか、何をしなければいけないのか…。目の前の出来事に追われながら、自問自答し、議論をした。この5年間はそんな5年間だった。

　そのことを記録し、自分たちの迷いや試行錯誤を人々に問いかけ、一緒に考える、そんな作業が必要なのではないのか、と提案した。集団作業が始まり、本書に結実した。

編集を終え、当初掲げた本書の意図、本書にかける思いはある程度実現したのではないか、と思っている。たとえば、人道支援、開発プロジェクトといった従来NGOが何の疑いもなく進めてきた概念や手法を問い直し、根底から作り直してみようという問いかけが、本書にはある。世界中を現場として活動するNGOの、では根っこはどこなのか、が改めて提起されている。非政府であるはずのNGOと軍隊とカネと権力をもつ国家との関係のあり方について、実践と思索に裏打ちされた論理を打ち出すことができた。

　現実と苦闘するNGOの問題提起の書として、多くの方に読んでいただきたい内容になったと自負している。

　ひとつだけ悔いが残る。高校生にも読んでいただけるわかりやすいものに、という編集方針を掲げた。編集の力及ばず、そのことが徹底できなかった。「文章にも民主主義がある」といったのは友人の政治学者で、沖縄に住んで平和の問題に取り組んでいるダグラス・ラミスさんである。文章は誰にでもわかるものでなければならない。その意味で本書の中には難解な個所があることをおわびしなければならない。

　弁解すれば、現場に立ち、現実と格闘し、試行錯誤しながら書かれた文章の息遣い、論理の迷路を、そのまま生かしたいという意図も働いたことは事実である。若い方にお願いしたい。本書と格闘してください、と。

2005年10月　　　　　　　　　　　　　　　　　　　　　　　　大野和興

日本国際ボランティアセンター（JVC）25年の歩み

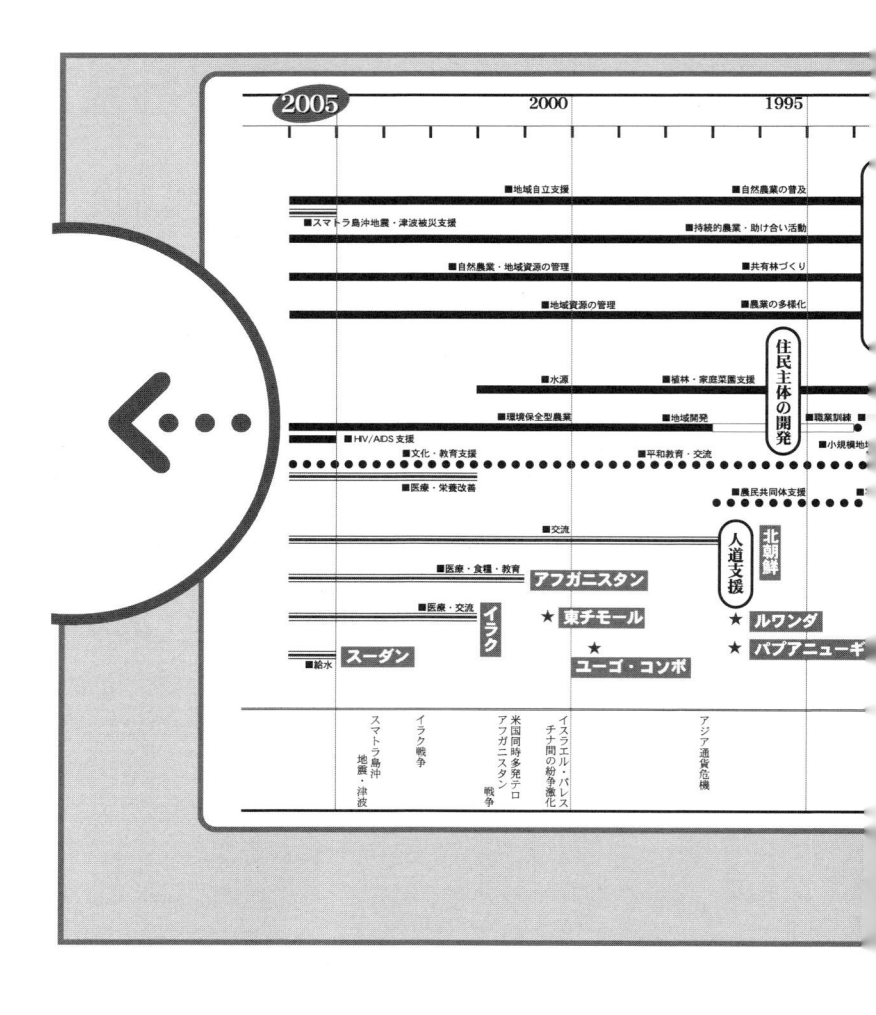

タイムライン（2005 — 2000 — 1995）

住民主体の開発

- 地域自立支援
- スマトラ島沖地震・津波被災支援
- 自然農業・地域資源の管理
- 自然農業の普及
- 持続的農業・助け合い活動
- 共有林づくり
- 地域資源の管理
- 農業の多様化
- 水源
- 植林・家庭菜園支援
- 環境保全型農業
- 地域開発
- 職業訓練
- 小規模地
- HIV/AIDS支援
- 文化・教育支援
- 平和教育・交流
- 医療・栄養改善
- 農民共同体支援

人道支援

- 交流
- 北朝鮮
- 医療・食糧・教育 — アフガニスタン
- 医療・交流 — イラク
- ★ 東チモール
- ★ ルワンダ
- ★ ユーゴ・コソボ
- ★ パプアニューギ
- 給水 — スーダン

世界の動き

- スマトラ島沖地震・津波
- イラク戦争
- 米国同時多発テロ
- アフガニスタン戦争
- イスラエル・パレスチナ間の紛争激化
- アジア通貨危機

189

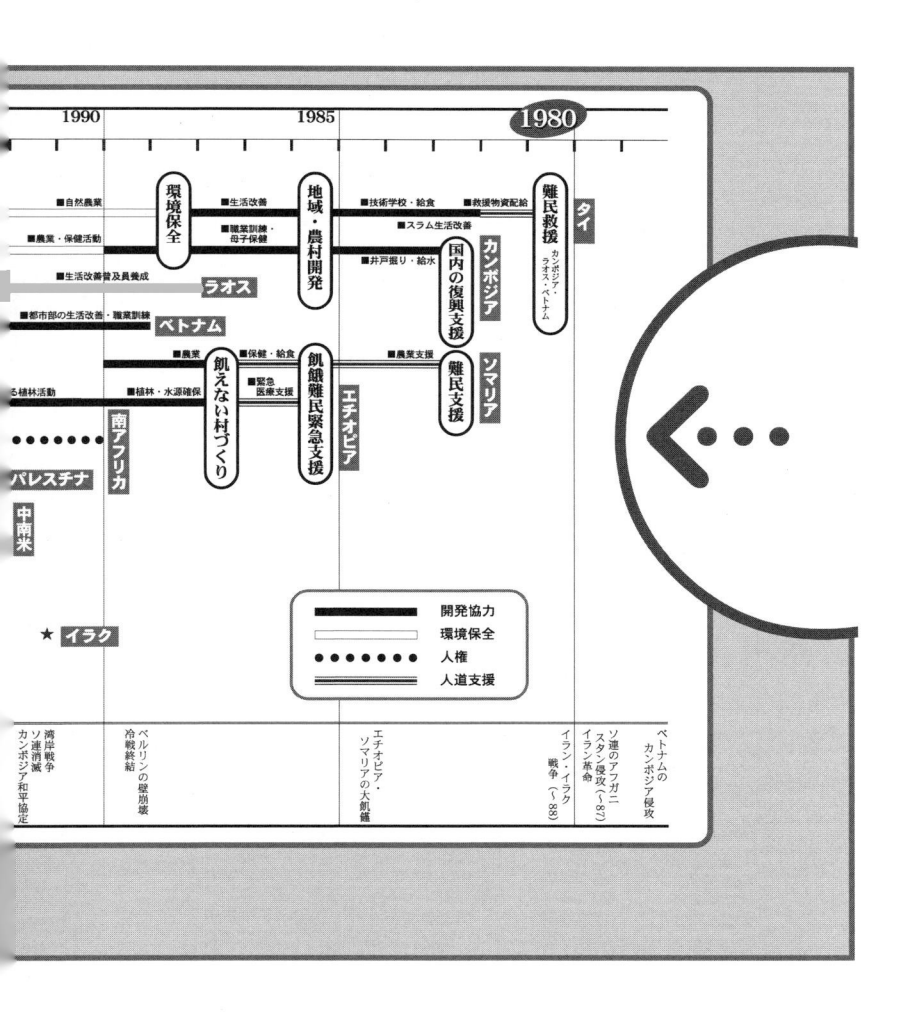

```
  1990           1985           1980
──┼──────────────┼──────────────┼──
```

- ■自然農業
- 環境保全
- ■生活改善
- ■地域・農村開発
- ■技術学校・給食　■救援物資配給
- 難民救援　タイ
- ■農業・保健活動
- ■職業訓練・母子保健
- ■スラム生活改善
- カンボジア（カンボジア・ラオス・ベトナム）
- ■生活改善普及員養成　ラオス
- ■井戸掘り・給水
- 国内の復興支援
- ■都市部の生活改善・職業訓練　ベトナム
- ■農業
- ■保健・給食
- ■農業支援
- ソマリア
- ■植林活動
- ■植林・水源確保
- 飢えない村づくり
- 飢餓難民緊急支援
- 緊急医療支援
- 難民支援
- エチオピア
- •••••• 南アフリカ
- パレスチナ
- 中南米
- ★ イラク

凡例:
- ─── 開発協力
- ──── 環境保全
- •••••• 人権
- ─── 人道支援

年表（下部、縦書き）:
- 湾岸戦争／ソ連消滅／カンボジア和平協定
- ベルリンの壁崩壊／冷戦終結
- エチオピア・ソマリアの大飢饉
- イラン・イラク戦争（〜88）／イラン革命／ソ連のアフガニスタン侵攻（〜87）／ベトナムのカンボジア侵攻

年代	国名	活動内容
1980	タイ	バンコクでJVC設立。 カンボジア国境難民キャンプ等での支援（カオイダン他）。 ラオス難民キャンプ職業訓練所、日本語学校開設。 ベトナム難民キャンプでの公衆衛生活動（ソンクラー）。 バンコクのスラムでの活動（クロントイ）。
1981	日本国内	JVC東京連絡事務所設立。
	タイ	カオイダン難民キャンプに、西崎憲司記念技術学校開設。 パナニコム難民キャンプにて日本語学校開設。
1982	日本国内	国内定住難民への家庭訪問活動。
	シンガポール	UNHCR管理のベトナム難民キャンプでの活動。
	タイ	東北タイにて給水プロジェクト開始。
	カンボジア	カンボジア国内での井戸掘り支援開始（OXFAMとの協力）。
1983	タイ	カンボジア難民村（サイト2）にて補助給食プロジェクト開始。
	ソマリア	農業プロジェクト（ルーク）。
	日本国内	本部事務所を東京へ移転。 会員制度導入。第1回会員総会開催。
1984	フィリピン	ベトナム難民キャンプ支援。
	ソマリア	保健医療、補助給食活動開始。
1985	エチオピア	緊急医療支援開始（アジバール）。
	カンボジア	プノンペンにて技術学校開設。井戸掘り活動。
1986	エチオピア	農村部にて土壌改善、植林活動開始（マーシャ村）。
1987	タイ	東北部にて農村開発活動開始（ブリラム）。
	日本国内	JVC神奈川事務所開設。 NGO活動推進センター（JANIC）立ち上げに参画。

1988	カンボジア	母子保健プロジェクト開始（SHAREとの協力）。	
	ソマリア	農業・教育・植林活動（ジャララクシ）。農業による定住支援（ルーク）。	
	ラオス	女性による生活改善指導員の養成（ビエンチャン）。	
	日本国内	国際協力コンサート「メサイア」始まる。	
1989	日本国内	国際協力カレンダー販売始まる。	
1990	エチオピア	緊急食糧援助（東ゴジャム）。	
	ベトナム	帰還難民職業訓練開始（ハイフォン）。 障害児童などへの支援（ホーチミン市）。	
	ラオス	女性による農村開発（ビエンチャン・ボーリーカムサイ・カムアン）。	
	タイ	環境保全農業。	
	ソマリア	内戦により全面撤退。	
1991	カンボジア	難民帰還支援（プノンペン、バッタンバン）。	
	ラオス	共済回転資金（米銀行・養鶏）（ビエンチャン他）。	
	イラク	緊急救援（バグダッド浄水施設）。	
	ベトナム	生活改善（ホーチミン市農村部、都市部）。	
	エチオピア	農村復興再開（マーシャ村）。	
1992	南アフリカ	女性による農村開発、スラム生活改善活動開始（ヨハネスブルグ近郊）。	
	カンボジア	プノンペン市立第4社会福祉センター支援開始。	
	パレスチナ	果樹植林活動開始。	
	ベトナム	地域開発支援（ハイフォン）。	
	ラオス	地域共有林保全活動開始（中部カムアン県）。	

1993	タ イ	農村開発活動開始（ピサノローク県）。	
	ベトナム	帰還難民に対する職業訓練（ベンチェ）。	
	グアテマラ	現地 NGO 支援。	
	ベトナム	白砂地における農村開発支援開始（フエ）。	
	日本国内	カンボジア市民フォーラム立ち上げに参画。 アフリカ日本協議会（AJF）立ち上げに参画。	
1994	カンボジア	技術訓練学校開設（シアヌークビル特別州）。	
	ベトナム	生活改善・公衆衛生支援（ベンチェ）。 「子どもの家」開設。青少年育成支援（ハイフォン）。	
	南アフリカ	難民に対する職業訓練支援事業開始（ヨハネスブルグ周辺、ダーバン）。	
1995	タ イ	農民の相互扶助支援開始（チャヤプーン県）。	
	カンボジア	持続的農業と農村開発支援（カンダール州）。	
	エチオピア	農村開発（農林生産複合活動＝バルハット郡）。	
1996	パレスチナ	農道開拓・医療支援。	
	ラ オ ス	農林複合支援。	
	ボリビア	現地住民組織支援（チュキサカ州）。	
	北 朝 鮮	KOREA こどもキャンペーン発足。緊急食糧支援（江原道）。	
1997	日本国内	国際会議「インドシナの持続的開発に向けて——ODA の目、NGO の目——」開催。 地雷廃絶日本キャンペーン（JCBL）立ち上げに参画。	
	タ イ	自然農業センター開設（ノンジョック）。	
	ベトナム	地域開発（チャビン）。	
	パプアニューギニア	津波災害救援（北部シサノ地区）。	

1998	タ　　　　　イ	タイのローカルNGOにおける研修制度開始。
	パレスチナ	教育・文化支援（エルサレム他）。
1999	ベトナム	農村開発支援、環境保全開始（ホアビン省、ソンラ省）。
	コソボ・ユーゴ	緊急救援活動。
	日　本　国　内	法人格を取得。特定非営利活動法人に。
	東チモール	現地調査実施。
2000	タ　　　　　イ	地場市場支援事業（東北タイ）。
	東チモール	給水活動支援。
	モザンビーク	水害被災者支援。
	日　本　国　内	シンポジウム「自然は誰のものか？」──開発に脅かされるメコン河川流域諸国の自然資源と人々──開催。
	南アフリカ	東ケープ州カラ地域における農村開発事業開始。
2001	日　本　国　内	『アメリカにおけるハイジャック機による無差別殺戮事件と、準備中の「報復戦争」に関する声明』発表。 「南北コリアと日本のともだち展」開催。以降平壌、ソウルなどでも開催。
	東チモール	現地NGO（ラオ・ハムトゥック）支援。
	アフガニスタン	現地調査および、国内避難民緊急食糧支援開始。
2002	アフガニスタン	東部地域における緊急巡回診療活動開始。
	パレスチナ	ヨルダン川西岸緊急医療支援実施。
	エチオピア	農村開発（農林生産複合）活動終了。
	ヨルダン	イラク難民妊産婦支援。
	イ　ラ　ク	イラク赤新月社への医療機器支援。
2003	イ　ラ　ク	緊急医療支援開始。（5月〜）

		白血病の子供たちへの医薬品支援開始。(8月〜) イラクの子どもたちとの絵画交流、絵画展開始。
	アフガニスタン	東部地域における地域医療支援、女子教育施設改善支援。
2004	アフガニスタン	伝統産婆職能向上研修。女性医療従事者養成研修支援。
	イ ラ ク	ファルージャ緊急支援。
	日 本 国 内	日本イラク医療支援ネットワーク（JIM-NET）設立。
	南 ア フ リ カ	HIV／AIDS対策調査開始。
	ラ オ ス	ビエンチャン農村開発プロジェクト終了。
	日 本 国 内	新潟中越地震被災在日外国人支援。
2005	タ イ	スマトラ沖津波被災者支援開始。
	アフガニスタン	東部地域総合復興支援開始。
	南 ア フ リ カ	HIV/AIDS予防・啓発・感染者ケア・遺児支援活動開始。
	パ レ ス チ ナ	トラウマを持つ子どもたちへの支援開始。
	ス ー ダ ン	ダルフール地方紛争被災者への給水支援。 南部復興支援調査開始。
	日 本 国 内	『ほっとけない　世界のまずしさ』キャンペーン参加。 認定NPO法人格取得。
	インド・パキスタン	インド・パキスタン大地震被害者への緊急支援。
2006	タ イ	タイのローカルNGOにおける研修制度終了。 地場市場支援事業終了。
	インドネシア	ジャワ島中部地震被災者への緊急支援。
	ス ー ダ ン	帰還難民支援事業開始（南部ジュバ）。
	ベ ト ナ ム	ソンラ省環境保全事業終了。

JVC 声明文一覧

❶ 中学歴史・公民教科書の問題に関する NGO 有志の声明(2001年7月23日)
❷ 米国での爆破事件についての声明【9月11日に発生したアメリカ合衆国世界貿易センターおよび国防総省爆破事件について】(2001年9月13日)
❸ アメリカにおけるハイジャック機による無差別殺戮事件と準備中の「報復戦争」に関する声明(2001年9月27日)
❹ 声明:日朝首脳会談について(2002年9月20日)
❺ 平和構築——『イラクへの軍事行動を正当化できない10の理由』(2003年3月10日)
❻「イラクへの軍事攻撃」に対する緊急声明(2003年3月20日)
❼ ODA改革——『紛争予防、平和構築分野、紛争後の復興支援等でのODA運用に関する意見』(2003年4月1日)
❽ ODA大綱見直しに関するNGOからの共同意見書(2003年7月14日)
❾ 緊急プレスリリース——ODA大綱見直しに関するNGOの意見(2003年7月9日)
❿ 政府開発援助大綱改定に向けての意見(2003年7月24日)
⓫ 在イラク国連事務所爆破事件についての意見書(2003年8月20日)
⓬ イラク復興支援国会合に関する声明(2003年11月6日)
⓭ イラク戦争/「復興」に関する国際協力 NGO の緊急アピール(2003年12月8日)
⓮ 緊急声明:イラクにおける日本人人質事件に関する声明(2004年4月9日)
⓯ イラクでの活動に関する JVC の声明(2004年4月22日)
⓰ 国際NGO、ラファでの家屋破壊の即時停止を要請(2004年5月18日)
⓱ 国際NGO、『壁』についての国際司法裁判所の勧告を歓迎(2004年7月20日)
⓲ アフガニスタンの地域社会支援を通じた復興と長期的関与への御願い(2004年10月5日)
⓳ イラク復興支援信託基金ドナー委員会会合及び拡大会合(東京会合)に向けての要望書(2004年10月12日)
⓴ イラク・ファルージャ攻撃に際しての NGO 有志の声明(原文は英語)(2004年11月)

❶中学歴史・公民教科書の問題に関する NGO 有志の声明(2001年7月23日)

　私たち国際協力に携わる NGO の有志は、国際協力や開発教育の活動を通してアジアをはじめ世界の様々な地域の人々と国境を越えて協力し、ともに平和に生きられる社会をつくることをめざして努力してきました。私たち NGO が世界の人々、特にアジアの人々と協力・協働するにあたっては、日本が過去に犯したアジアの国々に対する植民地支配と侵略戦争の過ちを真摯に反省することで、新たな信頼関係を築いていくことが不可欠です。

　しかし、日本政府が扶桑社版の中学歴史及び公民の教科書を一部修正のうえ、教科書検定に合格させ、さらに韓国、中国からの修正要求を事実上拒否したことで、韓国、中国をはじめ日本の植民地支配や侵略戦争によって甚大な被害をうけたアジアの人々の間に、日本は過去の過ちを反省しないのみならず戦前の軍国主義に回帰するのではないかという疑念と反発を引き起こしています。それは、この教科書が、歴史的な事実の記述に正確さを欠いているというだけではなく、植民地支配や侵略戦争の歴史とその記憶に深く傷ついているアジアの人々の心情を理解せず、自国中心の独善的な国家至上主義によって貫かれているからです。このことは、国際協力を通してアジアの人々との相互理解と信頼を築いてきた私たち NGO の理念に反するのみならず、過去の不幸な歴史を乗り越えて未来志向的な関係を発展させるため一九九八年十一月に小渕総理大臣(当時)と金大中大統領との間で交わされた日韓共同声明の精神にも反するものです。

　韓国、中国の人々が日本の対応にこれほどまでに反発するのは、日本が過去の植民地支配と侵略戦争に対して国として正式に謝罪し、犠牲者に対して補償を行なうことで歴史にけじめをつけることを怠ってきたからだと考えます。こうした疑念と反発が、小泉内閣総理大臣による靖国神社参拝の意向表明によってさらに高まっていることにも私たちは強い懸念を覚えます。

　また、私たち NGO の有志は日本と世界の平和と発展のための活動にひとりの人間として責任をもって参加する市民の立場で、国際協力活動を行ってきました。しかし、検定合格とされた扶桑社版教科書では、市民を私利私欲によって行動するものであるかのような否定的な定義づけを行い、一方で国家のために生命を捨てることをめざすべき人間の生き方として称揚しています。これは、各個人が自己責任に基づいて公共の利益を築いていく市民社会の理念に反するのみならず、尊厳ある個人の権利をともに保障していく仕組みである民主主義の精神にも反しています。

　私たちはアジアの人々との平和と共生をめざす NGO の立場から、また、市民社会を日本に根づかせ発展させていこうとする市民の立場から、以下のことを要望します。

一、扶桑社版中学歴史教科書に関する韓国、中国の要求に真摯に耳を傾け、相互理解と信頼を発展させるために双方が納得のいく解決にむけて政治的な指導力を発揮していただきたい。

二、各教育委員会の教科書採択に際しては、少数の教育委員の手にゆだねるのではなく、教育現場に携わる教師や保護者が決定に参加できるようにすると同時に、市民として次世代の教育に関心を持つすべての人々の自由な議論を保証し、あわせて採択に向けての議論のプロセスが公開されるよう努力していただきたい。　　　　　　　　以上

❷米国での爆破事件についての声明
【9月11日に発生したアメリカ合衆国世界貿易センターおよび国防総省爆破事件について】
(2001年9月13日)

　上記に関し、日本国際ボランティアセンター(以下JVC)は、多くの人々が犠牲になっている現状に、深い悲しみと心からの哀悼の意を表明します。そして、あらゆるテロや暴力行為に断固反対します。

　現段階では情報が限られており慎重に対処することが必要ですが、一部で犯行がPLOの反主流派のDELPのものである可能性が報道されたり、シリアやパレスチナ自治区でテロの成功に喜ぶパレスチナ人の映像が映し出されたりしたことから、パレスチナ人が犯行に寄与していると考える方も少なくなく、「なぜJVCはパレスチナを支援するのか」といった抗議もいくつか来ています。ここで改めて、JVCがパレスチナに関わる意味を再確認したいと思います。

　JVCは一九八〇年の設立以来、カンボジア、イラク、南アフリカ、パレスチナ、ユーゴスラビア、東チモールなど、紛争や対立の中で困難な立場にある人々の自立への努力を、同じ市民としての立場から支援してきました。パレスチナでは九二年にプロジェクトを開始し、イスラエルの占領に苦しむパレスチナの人々が、民主主義に基づいた健全な市民社会を構築する手だてとして、子ども達の教育、文化活動を支援しています。図書館を通して子ども達が本を手にする機会を得たり、音楽などの芸術に触れたりすることで豊かな感性を伸ばし、広い視野に立って異なる文化や宗教を受け入れることを目指しています。二〇〇〇年九月末に始まったイスラエル・パレスチナ間の紛争が続き、パレスチナの子ども達はますます困難な状況におかれています。毎日のように続く銃声。犠牲者の遺体を映し出すテレビ。道路も自由に通ることができない状態です。

　パレスチナ人によるテロおよびこれに対するイスラエルの報復攻撃によって、多くの無実の人々(平和運動家や子どもも含め)が犠牲になっています。このようなやり方では、憎しみを煽るばかりで、平和が達成されるとは思えません。JVCはパレスチナ人の武力による闘争には反対しており、機会あるごとに非暴力の考えを紹介しています。また、イスラエル人とパレスチナ人の対話についても積極的に関わっていこうとしています。

　JVCは、子ども達が、物理的にも精神的にも非常に困難な状態におかれていることを危惧し、彼らが本来の子どもらしさを取り戻すように、今後も子ども達のためのプロジェクトを続けます。また、イスラエル、パレスチナ双方の平和を求める市民の取り組みを、側面から支援していきます。

　今後テロに対するアメリカの報復攻撃が予想されますが、これ以上の犠牲者を出すことのないよう、国際社会が慎重かつ冷静に対処することを希望します。　　　　　　以上

❸アメリカにおけるハイジャック機による無差別殺戮事件と準備中の「報復戦争」に関する声明(2001年9月27日)

　アジア、中東、アフリカの現場で活動するNGOの立場から、今回アメリカで起こったハイジャック機による無差別殺戮事件に関して、またこの犯罪に対して「報復戦争」を準

備しているアメリカ政府の対応と、アメリカ政府に対し「目に見える貢献」を準備している日本政府の対応に関して、意見を表明します。そして、アメリカ政府と日本政府に対して、断じて戦争による解決に走ることのないよう訴えます。

今回の事件は、人道に対する冒瀆であり、どのような意味においても決して許されるものではありません。私たちは、この犯罪によって罪のない人々の命が一瞬の内に失われ、家族や愛する人を失った方たちの心に癒えることのない深い傷を負わせてしまったことに、深い悲しみと強い憤りを感じます。犠牲になった方々のご冥福を、心よりお祈りします。

この犯罪に対して、無差別の報復攻撃をもって報いようとすれば、この犯罪の犠牲者やその家族と同じように罪のない人々が犠牲となり、命を失い、家を失い、難民として逃げ惑うことになります。それは新たな憎悪を生み、その連鎖は止まることはないでしょう。あまつさえ内戦や干ばつによって疲弊したアフガニスタン国内では、五百万人もの人々が、食糧難に苦しんでいます。今回の事件の影響で援助機関の食料配給が滞っているために、その内の百五十万人以上の人々が、深刻な飢餓に直面することが懸念されています。報復攻撃が始まれば、さらに多くの犠牲者を出すことになるでしょう。

私たちは、紛争の犠牲者に対する緊急援助や開発協力の現場で活動する中で、不公正な開発や急激な市場経済化が、紛争を生み出す大きな原因になっていることを見てきました。また、紛争や戦争によって最も被害をこうむるのは、常に武力対立とは直接関係のない一般の市民であることも目の当たりにしてきました。この犯罪の背後には、虐げられ、声を発することもできない人々の、絶望と憎悪の海が広がっていると考えられます。そうした人々の感情を利用し、このような犯罪を企てる人間がいることを忘れてはなりません。市民を巻き込む無差別の報復攻撃は、こうした犯罪の首謀者を利することになりこそすれ、犯罪の根を絶やすことにはなりません。

国際社会が、この犯罪に対して決して許すべきではないとの意思を共有している今こそ、国際的な協力のもとに犯人の捜査と証拠の特定をおこない、真相を究明した上で、国際法に則った公正かつ合法的な処断をするべきです。そうすることが、このような事件の再発を予防することにもつながります。

今、アメリカ政府や日本政府は、報復政策の一貫としてアフガニスタンの周辺国に対し、アメリカ側に付くか否かの基準で、債務の繰り延べや援助を行おうとしています。私たちは、このように援助を政治的な武器として利用することに反対します。

私たちは、日本政府のアメリカ政府に対する軍事的支援にも、大きな危惧を覚えます。アメリカ政府の要求に応えることを口実にして自衛隊による後方支援を急ぐことは、自衛隊の派兵に課せられた規制を、なし崩し的に有名無実化していくことになります。平和憲法をもつ国としてなし得る外交的な努力を放棄して、アメリカ政府の軍事報復を支持し、協力することは、多様な平和への取り組みへの道を、自ら閉ざしてしまうことになるのです。それは、アメリカ政府の視点に立ち、国際社会を善悪の二項対立として捉える構造の中に足を踏み入れてしまうことになり、憲法が希求する「国際社会における名誉ある地位」を占めるために「全世界の国民が、ひとしく恐怖と欠乏から免れ、平和のうちに生存する権利」を実現していくことを自ら放棄することに他なりません。

今、私たちに求められているのは、こうした犯罪の温床となっている、貧困、差別、環境破壊、人権侵害を根絶するために、国際協力など武力以外の方法を積極的に示し、強化していくことです。そして、こうした事件を再び起こさないためには、息の長い開発協力

だけではなく、資源の占有や環境破壊を加速する無規制の市場経済化に歯止めをかけ、経済的に弱い立場にある人々の生活を守るための、多様な取り組みを進めることです。

　私たちは、紛争地を含む国際協力の現場で活動してきた経験から、憎悪と対立はコミュニケーションが途絶えたところに生まれるということを学んできました。異なる文化、宗教、民族の間の対話を促進するとともに、対立を融和に変える非暴力による方法を生み出し、積み重ねていくことが重要です。こうした対話の新たな文化を築いていくために、国際社会が協力する必要があります。今回の事件を「文明対非文明」という単純な対立で理解するべきではありません。また自らを「文明社会」の側にいると誇り、うぬぼれることで独善的な一つの価値観に閉じ込もるのではなく、虐げられた人々の声にならない声、言葉にならない言葉に耳を傾けることが大切です。私たちは、平和のための対話をすすめるよう市民として行動し、日本政府及び国際社会にも働きかけていく所存です。　　以上

❹声明：日朝首脳会談について(2002年9月20日)

　9月17日、平壌において、初の日朝首脳会談が行なわれました。多くの問題を抱えてきた両国の間で、国交正常化および「ミサイル問題」など諸懸案解決への端緒が開かれたことを積極的に評価したいと思います。隣国として友好的な時代もありましたが、二十世紀前半の日本による強制連行をふくむ植民地時代を経て、第二次世界大戦後も敵対的な関係が続きました。日朝および北東アジア地域では、「冷戦構造」崩壊以降も対立関係が残り、緊張を強いられる状態を克服できませんでした。2000年6月平壌での「南北首脳会談」につづき、今回の日朝首脳会談においても、諸問題の平和的解決が目指され、新しい共存と協力の時代が始まると信じ、私たちもその流れを確かなものにしていきたいと考えます。

　今回の会談の過程で、朝鮮民主主義人民共和国(北朝鮮)の金正日委員長は、同国政府機関が日本人拉致を行なったことを認め謝罪しました。日本側の安否照会に対しては、「生存5名、死亡8名、不明1名」という内容の確認リストが渡されました。拉致が事実と確認された今、被害者および御家族の苦しみはいかばかりかと察するにあまりあります。この件に関して、さらなる真相究明がなされるべきと考えます。他方、この会談後、在日コリアンへの攻撃や嫌がらせが頻繁に起こっていますが、これらの行為は、これから築かれるべき共生の精神に反するものであり、決して許されてはなりません。この首脳会談に続く正常化への動きを、単に政府間だけのものではなく、そこに住む人々のレベルでの関係改善にまで深め、すべての市民の人命・人権が相互に守られる社会の形成に繋げたいと思います。

　これまでJVCは、世界の紛争地域で人道的立場から、平和の回復や紛争の解決・予防を志して活動してきました。その経験を生かしながら、1996年以降、北朝鮮に対して緊急食糧支援や日朝の子どもの絵画交流といった活動を行ない、日朝関係が悪い時期においても信頼醸成のチャネルを繋いできました。

　JVCのこれらの活動は、(1)日本から最も近い地域で自然災害や食糧不足によって生命・健康を脅かされている人々を支援する、(2)日本の植民地支配や南北の分断、日朝間の57年におよぶ断絶という歴史を克服して、武力によらない方法での問題解決を目指す、と

いう観点から行なうものです。これからもこの姿勢を維持しながら、日朝両国および北東アジア地域での、平和、安定および和解に結びつくよう、小規模でも心の伝わる支援・協力を、同国の人々や、在日コリアン、国際NGO・関係各機関と連携して継続していきます。

❺平和構築──『イラクへの軍事行動を正当化できない10の理由』
(2003年3月10日)

　JVCでは、今回のイラクへの軍事行動に対しては、あまりにも多くの正当化できない理由があると考えています。以下は、これまでの議論を基に、JVCの調査研究担当がまとめたものです。
　　　　　　　　　　　　　　　　　　　　　　　　　　　　　　　高橋(調査研究担当)

１．甚大な人道的被害をもたらす
　多数の無辜の女性や子どもが軍事行動の最初の被害者となる。イラクの経済は既に荒廃している。子どもの死亡率は1990年に国連制裁が課されてから急上昇し、約1600万に、つまり人口の3分の2もの生死が脆弱な食糧配給システムに依存している。軍事行動によって、この配給システムが崩壊してしまう可能性が高い。

２．イラク攻撃の陰で他の紛争が激化する
　パレスチナ、アフガニスタン、コソボなど今でも続く紛争が後景化し、メディアの注目が得られなくなる。その陰で、アフガニスタンの時のように、イスラエルは「民主化」という"正義"の名の下での軍事行動は正当化されるという身勝手な解釈の下で、パレスチナへの軍事侵攻を活発化させる恐れがある。アフガニスタンでも、軍閥の衝突が激しくなる可能性が指摘されている。

３．北朝鮮問題を強硬な対応で解決する傾向を強める
　今回のイラクへの軍事行動を容認すれば(特に決議なき場合は尚更)、軍事圧力を使った交渉が正当なもの、あるいは有効な手段として理解されるであろう。日米安保に頼る日本が、北朝鮮問題でも同様な軍事圧力が正当な手段として扱われ、強硬な姿勢をとり続ける北朝鮮問題の解決をより難しくするばかりでなく、近隣諸国への「脅威」を現実化させる恐れもある。日米安保頼りという冷戦時と同じ対応方法で北朝鮮に向かうことは、中国やロシアとも協力関係を組める今の新しい国際環境の中にあって外交的努力の怠慢と思考停止以外の何ものでもない。
　更に、日本が北朝鮮とのリンケージで米国のイラクへの軍事行動に賛同を示す姿勢を示すことは、中東の人々からすれば北朝鮮問題という日本の都合でイラク市民が殺されることを容認するというメッセージとして受け止められる恐れがある。多くのアラブ人の間にアメリカによる戦争に反対する声が大きい今、自己都合で開戦を支持する行動は、アラブ人の間に日本に対する敵対意識を助長することになるのではなかろうか。

４．中東を混乱させる
　イラクへの軍事行動が始まれば、イスラエルのパレスチナへの軍事攻撃が増長する懸念がある。同様に、北イラクでは、クルド人が蜂起し、トルコとの間で武力衝突を起こす可能性がある。ヨルダン、サウジアラビアなどでは、政権への民衆の不満が爆発する恐れも

あり、中東全体が混乱を来す恐れがあることは多くの専門家が指摘するところである。

5．「テロ」活動が活発化する

多くの中東諸国では、米国との関係について政権の思惑と民衆の認識に大きなギャップがある。今回のような国際社会に正当性を付与されない軍事行動、米国のキリスト教原理主義的な価値観に裏付けられた国益のための戦争、あるいは武力による「民主化」という一方的な価値観の押しつけは、中東の人々の間に自国の政権と米国の両方に対する反感と憎悪の芽を育てることになるだろう。これによって、政治的衝突が宗教的側面を帯びることになり、むしろ「文明の衝突」というものを現実化してしまうかもしれず、また世界全体でテロ活動に走る人々を増やすだろう。

6．経済に多大な影響を及ぼす

今回の軍事行動の経済への負の影響は既に出始めており、既に株価は8000円を割りそうな勢いである。今回の軍事行動にかかる費用は約24兆6千億円(約2000億ドル)と見積もられているが、クウェート、サウジアラビア、ドイツ、アラブ首長国連邦は金を出さないと言われており、米国自身も復興への責任を果たさない恐れがある。湾岸戦争でも米国は費用の11.6％だけ負担し、日本はそれよりも多い16.4％を負担した。旧ユーゴへの米軍を中心としたNATO空爆の時も、後始末をEUに押しつけ(これが今回の戦争に独仏が反対する背景理由である)、アフガニスタンでは復興に4.4億ドル拠出しているものの空爆による被害に対する謝罪も賠償もない。今回、査察を継続すれば、必要な経費は軍事行動よりも桁違いに小さく年間約100億円で、査察を10年間継続したとしても250分の1の1000億円にしかならない。

7．戦争では大量破壊兵器(WMD)の破棄や武装解除は進まない

軍事行動後による大量破壊兵器の破棄は、現実に可能とはならない。軍事行動によるWMDの破棄とは、フセイン政権を倒した後に全ての兵器を見つけ出し、破壊するということだが、そのことはつまりフセイン政権そのものの打倒が軍事行動の目的であることを意味する。仮に、フセインを打倒したとしても、その後のイラクをまとめる強いリーダーがおらず、最も可能性の高いシナリオは、アフガンの時のように米国がリーダーを一方的に擁立し、それを支えるために強い軍隊を育てるというものである。すなわち、イラクという国は武装解除されるのではなく、米国の傀儡政権の下で強い武装国家を打ち立てことになる。アフガニスタンでも治安維持のために軍事力増強が検討されているが、米国の戦争とは世界の軍事化を助長するものであり、WMDの破棄という戦争開始目的の本来の理念とは反対の結果を招くものである。世界を軍事化し、米国がそれを監理するというシナリオは、中東全体で周辺諸国との軋轢を悪化させ、特にパレスチナの状況をますます難しくするだろう。

8．民主化は進まない

「民主化」を文字通り解釈すれば、民意を反映できる政権を樹立することである。しかし、今回の戦争によってイラク国民の間に複雑な対米感情をもたらすだろう。そのような民衆の意を反映した政権とは、どのような政権になるだろうか。最も予想されるのは、米国、周辺諸国、民衆のそれぞれに面従腹背するような政権で、それは極めて不安定なものとなるだろう。加えて、米国の強いバックアップがある場合(傀儡政権)、国民との間に深い亀裂を孕むものとなり、そのような政府が長期的に安定するには相当に困難が予想される。また、治安維持目的で、強力な軍隊で国民を押さえつけるようになる可能性もある。

このような国家は民主国家とは言えないのではなかろうか。例えば、現在のアフガニスタンが民意を反映する形で政権が国家運営を行っているとは言い難い状況を見れば、イラクで同様な、あるいはそれ以上に困難な国づくりとなることは予想に難くない。

9．国際法、国連の権威が失墜する

　戦争をしなければいけない根拠が薄弱である。平和的外交、政治的解決の手段が可能性として残っているにも関わらず、軍事行動を起こすことは国際法、国連の理念に対する違反である。WMD破壊のための軍事行動は、人々の暮らしに直結する電気や水といったインフラ設備に対する攻撃を含む恐れがあるが、これは国際人道法（ジュネーブ協定付加条約1の54条）で禁止する「非戦闘員人口の生存に不可欠な目標物とする攻撃を禁じる」に抵触する。また、国連憲章では「武力による威嚇」を認めていないが（第2条）、20万人以上の軍隊を展開している今回は既にそれを犯している。以上の理由から、今回の紛争問題に対する国連権威の失墜をもたらした原因は米国側にあるのは明uらかである。仮に、決議なきまま武力行使が行われれば、大国の紛争を未然に防ぐという第二次世界大戦後に決めた国連の役割は失われ、紛争後の復興や平和維持だけを行う機関に成り下がるであろう。

10．中東での日本の信頼は低下する

　これまで中東では比較的好意的に受け止められてきた日本だが、米国に追従したことでアラブ人の間で敵対感情を高める恐れがある。復興の役割ばかりを強調する日本だが、その復興すらもおぼつかなくなる可能性がある。未だ80％の石油を中東に依存し、明確な代替案（輸入先の分散化と依存を減らす）を持たない日本が対米従属だけで突き進めば、すべからく米国の庇護の下で生きなければいけなくなるのでなかろうか？　日本の政府、外務省は、この辺りの説明を全く欠いているが、説明責任を欠いたまま、日本の市民に苦境を強いた場合、その責任は誰がとるのだろうか？

以上

❻「イラクへの軍事攻撃」に対する緊急声明（2003年3月20日）

　私たち日本国際ボランティアセンター（JVC）は、過去23年間にわたってカンボジアやパレスチナ、アフガニスタンなど紛争地での人道支援活動の経験から、軍事行動は多くの無辜の市民を苦しめるだけで、問題の根本的解決にならないばかりでなく、事態をより一層複雑にすることを学んできました。今回のイラク大量破壊兵器問題に対しても、査察の有効性を認め、米英による早急な軍事攻撃に反対する意を明らかにして、医療資機材の供与などの人道救援活動や子どもたちの絵やメッセージの交換を通して平和的手段による解決の必要性を訴え、実践してきました。

　しかしながら、18日午前10時（日本時間）、米国ブッシュ大統領は最後通告演説によって、世界数千万人の軍事攻撃反対の声を無視し、国連決議なきままに軍事攻撃を始めるという意向を示し、20日午前11時35分に攻撃を開始しました。この軍事攻撃は、ブッシュ大統領が演説の中で今回の目的が国連憲章違反である他国（イラク）政権の転覆であると表明したように、全く正当性を欠いた国際法違反の暴挙に他なりません。これに対し、日本政府は大多数の市民の反対の声を無視し、十分な説明責任も果たさないまま支持することを発表

しました。
　私たちJVCは、人道支援と国際協力活動を実践する市民団体として、この市民の意思と行動を無視した単独軍事行動を行う米国と日本政府の決定に対し、改めて強い遺憾の意を示すと共に、以下のことを表明します。
1．イラク市民に甚大な人道上の被害を及ぼす軍事攻撃の即時中止を求めます。
　国連によれば、今回の軍事攻撃によって約50万人の死傷者、約100万人の難民が発生すると予測されています。このような甚大な人道的被害を及ぼす軍事攻撃は、即時中止すべきです。日本政府に対し、この軍事攻撃を支持したことを即時撤回し、米国などに軍事攻撃中止を速やかに働きかけることを求めます。
2．国際人道法の遵守を求めます。
　軍事攻撃においても、国際人道法によって劣化ウラン弾の使用や非戦闘員人口の生存に不可欠な目標物を攻撃することは禁止されています。また、民間人、特に女性や子どもに対する特別の保護や医療などの国際的人道救援活動が安全に行われるようにしなければなりません。日本政府も、この正当性なき軍事攻撃を支持したことによって、引き起こされる人道的被害に対して応分の責任があることを自覚し、米軍およびイラク軍の両方に対し、国際人道法の遵守を働きかけることを求めます。
3．人道支援の原則を遵守した救援活動を実施します。
　私たちJVCは、市民の信頼と支援を得て活動を行うNGOとして、人道救援活動においてはその原則（公平性、中立性、独立性）を遵守し、市民および適切な国際関係機関との協力の下で活動することを基本姿勢とします。従って、対イラク人道救援活動の実施に際しては、民意を反映せず、正当性もない今回の軍事攻撃を支持した日本政府との協力は慎重にすべきと考えています。
4．軍事攻撃によって影響を受ける他国、他地域へのより一層の配慮と支援を求めます。
　今回の不当な軍事攻撃によって中東及び世界中の不安定な国・地域への様々な影響がおよぶことは必至です。私たちJVCが現在も人道支援活動を行っている国・地域（パレスチナ、アフガニスタン、北朝鮮）も例外ではありません。メディアや関係機関に対し、より一層これらの国々に注意を払い、必要な人道救援活動の確保など適切な措置が取られることを求めます。

❼ODA改革——『紛争予防、平和構築分野、紛争後の復興支援等でのODA運用に関する意見』（2003年4月1日）

　ODA総合戦略会議（3月31日）に、下記の意見書を出しました。ODAをイラク周辺国ならびにイラク攻撃後の復興支援に出す方向で議論が進んでいますが、とてもおかしい話だと考えます。攻撃を受けているイラクの人々や周辺で混乱と被害にあっている人達への支援の必要性は感じるものの、攻撃自体が正当化されないまま、その復興支援だという話には納得できません。
　大綱見直しも平和構築分野にODAを使おうという意図があってのことでもあり、きちんとした議論が不可欠です。

大綱見直しに関連したNGOとの意見交換会が4月に4ヶ所で開催される運びとなっていますが、是非この視点での議論もしっかりしたいと考えています。

磯田（JVC副代表／ODA総合戦略会議委員）

紛争予防、平和構築分野、紛争後の復興支援等でのODA運用に関する意見

1．紛争予防のためのODAの役割

(1) ODAが原因となっての紛争助長は絶対に避けるべきである。その観点から、ODA大綱の原則の厳格な適用がなされるべきである。直接的因果関係を説明することが困難だとしても、援助が、実質的にその国の権力層に集中し、貧富の差が拡大することが多い現実を鑑み、当該国内での貧富の格差を拡大したり特定勢力への支援につながるような援助はすべきでない。さらに、南北格差の拡大や、北の国々への資金還流を助長するようなODAが反感や紛争を招くことを深く認識し、避けるべきである。

(2) 同時に、予防の視点に立って、平和醸成に向けた支援を積極的に、しかし慎重に取り組む必要がある。公権力集中化のための警察力・軍事力強化は、対立や相互不信感を先鋭化させ、紛争を武力衝突に導く危険性をはらんでいる。ODAは、平和教育や民族融和、民族自治等の支援、市民社会の活性化など対話や共同作業によるソフトパワーの強化に力点を置くべきである。

2．平和構築分野におけるODA

(1) 「平和の定着と国つくり」を核とした平和構築の構想は、国家主権の侵害など国連憲章に抵触する懸念がある。国つくりは相手国政府や人々の主体性を第一義的に尊重すべきものであり、この原則は遵守されなければならない。

(2) 真の平和の定着は、武力や公権力・警察力ではなく、人々の間での、あるいは人々と政府との間での信頼回復、融和によってのみ達成されるものである。平和構築のためのODAは、恒久的な平和を構築するという視点に立って、こういった非暴力分野の強化を優先すべきである。

(3) 平和醸成（定着）に関しては、人々の声を代弁する意味でのNGO／CSOの役割、価値を認識し、その国のNGO／CSO支援を大きな柱の一つとする。また、NGO／CSOが、公権力に対して、一定のチェック機能・対話機能を果たせるような方向での、支援／協力が必要である。

(4) ODAによる人道支援において、警察力や軍事部門との連携は、特段慎重になるべきである。緊張関係の助長や特定勢力との関係強化ないしは悪化させ、恒久的な平和達成を困難にする。人道援助は、政治的中立性、公平性、独立性などの原則を尊重しつつ、その効用性を議論すべきものである。

(5) 東ティモール、ユーゴ・コソボ、スリランカ、カンボジア、アフガン他、それぞれのケースにより紛争や戦乱の背景、直接原因、状況が全く異なる。復興支援に当たっては、個別具体的な事情を踏まえた運用が不可欠であり、そのためにはまず紛争を政治的、軍事的観点だけでなく、歴史的、経済的、社会的、文化的観点から分析し、政策決定する能力、制度、実施体制を整えるべきである。

3．イラク攻撃後の復興支援に関連した問題（国際機関や国際法との関連配慮）

(1) 国際社会に恒久的平和を導くためには、国際的枠組みや国際法の整備が不可欠である（例、紛争ダイヤモンドに対するキンバリー・プロセス）。この視点に立てば、今回の米英軍によるイラク攻撃は、ブッシュ大統領がその演説で他国の政権転覆を目的としてい

ることを表明するなど、国連憲章違反行為であり国際的枠組みを著しく壊すものである。日本政府は、十分な説明責任も果たさないまま、この攻撃への支持を表明し、また、現在、イラク破壊後の復興への支援について議論が始められているが、このように不明瞭な点が多々あることに対し、まずもって国民に日本としての長期的な国際平和づくりへのビジョンと方向性を示さない限り、ODA を使う根拠は乏しい。
(2) 一方、現実に直面する問題として、戦後復興にアメリカの特定企業の契約が報道される等、復興の目的や方向性に疑念を持たざるを得ない動きがある。ODA の運用、特にインフラ復興支援などを進めるにあたり、真に主権を尊重した復興のために、特定の利権に左右されることなく取り組む上で、このような動きに対してどのような対策を講ずるのか、どのような方針で臨むのか明らかにしない限り、その運用は不適当と考える。
4. 外交(特に戦争外交)ツールとして ODA を使用すること
(1) 外交上の支持獲得のための ODA 使用、あるいは ODA を交渉の駆け引きに使用することは、ODA 本来の理念や既に定めた重点項目等を蔑ろにするだけでなく、日本 ODA に対する国際社会の評判を落とすことになり、信頼関係を全てのベースとする国際協力への影響は計り知れず、限られた資源の適正かつ効果的な配分をこれまで以上に崩すものであり、絶対に避けるべきである。(了)

❽ ODA 大綱見直しに関する NGO からの共同意見書(2003年7月14日)

外務大臣川口順子殿
ODA 大綱見直しに関する NGO からの共同意見書
2003年5月16日

　貧困根絶や地球環境の回復、ジェンダーの平等、人権などグローバルな課題の解決にむけて国際社会が協力するという合意が成立してから、すでに10年がたっている。90年代に入って開かれた一連の国連主催の国際会議では、環境保護の重要性、貧困が人権侵害であること、女性の人権の実現、人間中心の開発などをうたった行動計画が各国政府首脳によって決議された。また2000年の国連ミレニアム・サミットでは改めて「ミレニアム開発目標」が採択され、貧困削減、保健、教育の改善、環境保護について達成目標がかかげられた。2002年にメキシコ・モントレーで開かれた国連開発資金会議では、これら国際合意となっている行動計画、とりわけ貧困層の半減を実施するための ODA を含む資金手当を優先することが決められた。
　わたしたち途上国の貧困問題の解決に関心を寄せてきた NGO は、これまでにも日本の ODA について何度か提言してきた。私たちは、世界第二の「援助大国」である日本の ODA は、上に掲げたグローバルな課題の解決のために使われるべきだと考えている。今回の「ODA 大綱見直し」も、こうした理念にもとづく ODA へと変わっていくためのプロセスと考え、以下の点を提言する。
　法的拘束力のない ODA 大綱がどのように運用されてきたか(あるいは運用されてこなかったか)についての評価を、第三者を含めて行う必要がある。適切な評価なしの見直し

を行っても、その効果は望めない。

　対外経済協力関係閣僚会議による「政府開発援助大綱 ODA 見直しについて」では、その理由に、ODA の受け手である被援助国の住民などからの要望が全く取り扱われていない。ODA が大綱にあるように「他の諸国、特に開発途上国との友好関係」を増進するために行なわれるのだとすれば、これまでの ODA の評価ならびに被援助国の住民が日本の ODA に対して何を求めているかについて調査を行ない、その声を反映した見直しが必要である。

　「国民参加」をうたっているにもかかわらず、今回の ODA 大綱見直しのプロセスは不透明であり、もっと時間をかけて広く意見を集め、意思決定プロセスを明らかにするべきである。出された意見に対して、パブリックコメントを求め、各地で公聴会を開き、それぞれにどのような対応をしたかに関して公開すべきである。国会での議論も行うべきである。

　重点分野については、先にあげた国際合意に基づくグローバルな課題を最優先すべきである。経済インフラ整備は ODA を実施する上での一手段にすぎないことから、重点分野から外すべきである。

　ODA 大綱の基本理念に、「我が国の安全と繁栄」を盛り込むべきではない。なぜなら、国際合意に基づくグローバルな課題の解決 (地球益の追求) 及び 1996 年に採択された OECD 開発援助委員会 (DAC) が 1996 年に採択した「新開発戦略」で示された経済福祉、社会開発、持続可能な環境と再生という目標のために ODA を使うことと、「我が国の安全と繁栄」で含意されている国益重視とは明らかに矛盾するからである。仮に ODA における日本への利益があるにしても、それはグローバルな利益に資する協力をすることで得られる間接的で開かれたものである。憲法前文にある「全世界の国民が、ひとしく恐怖と欠乏から免かれ、平和のうちに生存する権利」を実現するためには、上にあげたグローバルな課題の解決のために ODA を使うべきであり、狭い意味での国益を実現する手段としてはならない。

　現行の 4 原則は基本的に変更すべきではない。とりわけ第二原則の「軍事的用途及び国際紛争助長への使用を回避する」は、平和憲法をもつ日本が守るべき大原則であり変えるべきではない。この点については、1978 年の衆議院外務委員会および 81 年の参議院外務委員会における決議もあることを強調しておきたい。

　また、現行の ODA 大綱 4 原則では、ODA の実施にあたっては 4 原則などをふまえた上で「総合的に判断」することになっているため、何が基準になって ODA が実施あるいは停止されているかが不明確となっている。また、「総合的判断」といっても、誰がどこで判断しているか不透明である。したがって現行の ODA 大綱においても、「判断」の根拠が、どのような形ででてきたのかを明らかにするべきである。外務省が発行する『ODA 白書』には、たしかに「ODA 大綱原則の運用状況」が載っているが、これはたんなる状況説明にすぎない。先に述べたように、評価体制を整備し、大綱の運用状況に関する適切な評価を実施することを大綱に明記すべきである。また ODA 基本法がない現状においては、現行の ODA 大綱の 4 原則に基づく ODA 停止・再開については、国会で審議すべきである。

　ODA 大綱見直しの基本方針の一つとなっている要請主義の見直しについては、被援助国との「政策協議」を行う際には、環境、軍事支出、民主化の進展など ODA 大綱の原則

にてらした協議を実施することが必要である。協議は、日本側の条件等を優先する趣旨ではなく、現地におけるニーズの観点からの建設的提言をする協議であることを明記するべきである。また被援助国においても政府のみならず地方自治体や住民などのニーズを反映した協議を行うべきである。

ODAによる「平和構築」については、ODAの理念として非軍事的・国際的人道目的を明確にし、またODAが紛争を助長しないように原則を強化すべきである。

以上、ODA大綱改訂にあたっての提言を列挙してきたが、私たちの税金、郵便貯金、年金などを使って行なわれるODAのプロセスを法的に保障するためにはODA基本法こそ必要である、と私たちは考える。ODA大綱はODA基本法ができるまでの過渡的措置とし、グローバルな課題の解決などの理念を明確にしたODA基本法の制定を急ぐべきである。

●呼びかけ団体●

JVC—九州ネットワーク／「ODA大綱見直しに関する意見交換会」札幌準備会／ODA改革ネットワーク九州／ODA改革ネットワーク関西／ODA改革ネットワーク東京／WOW！JAPAN（WTOを監視せよ！ジャパン）／アジア開発銀行福岡NGOフォーラム／鎹ネット／関西NGO協議会／京都NGO協議会／国際協力NGOセンター（JANIC）提言活動委員会／債務と貧困を考えるジュビリー九州

❾緊急プレスリリース――ODA大綱見直しに関するNGOの意見――

（2003年7月9日）

私たちNGOは、昨年11月ODA大綱見直しの議論が始まって以来、「なぜ、見直すのか？」、「何を見直すのか？」、「どのようなプロセスで見直すのか？」などの問題提起を行ってきました。昨年11月にシンポジウム「ODAをどう変えるのか」を開催し、今年1月と4月には外務省との意見交換を行ってきました。その中で、多くのNGO・市民から国益重視のODA大綱見直しに異議を唱える声が上がりました。

これを受けて、5月16日にはODA改革ネットが中心になって42団体、個人68名の賛同を得て、「ODA大綱見直しに関するNGOからの共同意見書」を外務大臣当てに提出しました。この度外務省により公開されたODA大綱見直し案によると、これまで私たちが意見交換会や意見書で表明してきた意見が、ほとんど反映されていません。この状況に鑑み、私たちODA政策に関心を持つ納税者として、また市民レベルの国際協力に携わってきたNGOとしての意見を改めて以下に提言します。

1．「我が国の安全と繁栄」という国益重視をODAの理念・目的として明記すべきではない。

今般公開されたODA大綱見直し案（以下、新大綱案）では、「我が国の安全と繁栄」という言葉で国益重視がODAの理念目的として盛り込まれました。1992年に閣議決定された現在の大綱（以下、現大綱）では、基本理念として人道性、国際社会の平和と繁栄、途上国と先進国の友好関係など、国際社会への貢献を一義的目的として書かれており、優れて高い理念を感じさせるメッセージ性の高いものです。国際社会は2000年の国連ミレニアム

総会で「ミレニアム開発目標」を優先し、ODAなどの資金を拠出することを決めました。日本が国際社会の中で尊敬を集め、納税者が誇りを持てるODAとするためにも、またそのメッセージ性を明確にするためにも、こうした国際合意を最優先し国益に関する言及はすべきではないと考えます。

2．「戦略的」基本方針の下で国益目的のODA実施は、国際社会の課題解決に結びつかない。

　新大綱では基本方針が、5項目明記されていますが、その実施に当たっては「戦略的」に行うとされています。自助努力、人間の安全保障の視点、公平性、国際社会との協調などいずれも重要なものですが、また同時に解釈に曖昧さを残すものです。何を目的にODAを行うのか、位置づけ方によっては、これらの方針が狭い国益優先のためのツールや免罪符ともなり、2000年国連ミレニアム総会で合意された「ミレニアム開発目標」などの地球的規模の課題への取り組みが疎かになりかねないとも限りません。また、「戦略」というものが、誰が、どのように作るのか、プロセスの透明性も確保されていません。

3．ODAは「ミレニアム開発目標(MDGs)」や人間の安全保障などの実現に最大限の努力をすべきものである。そのためには途上国の自主性(オーナーシップ)を尊重すべきで、「我が国の経験と知見の活用」などは基本方針として適切でない。

　国益を重視した新大綱では、貧困削減や地球的規模の問題への言及はあるものの、これらへの実効的取り組みについては不明瞭です。新大綱では、様々な基本方針や重点課題が盛り込まれていますが、そのためにODAの目的・役割が曖昧になっています。政策の一貫性と実施の一体性を図るためには、目的・目標を一元的に設定すべきで、それには国際社会が合意した目標(MDGs)や国際社会によって認知された総合的政策(人間の安全保障)を基本に置くことが適切と考えます。

4．テロや紛争を貧困問題と安易に結びつけるような重点課題の書きぶりは誤ったメッセージの発信となる。

　新大綱で掲げる4つの重点課題のうち3点でいわゆる"テロ"や紛争への言及があります。この重要な国際社会の課題に対して、確かにODAの果たす役割は小さくありませんが、その原因の認識と解決への取り組み方法が一面的です。貧しくとも社会的に安定している地域もあるし、テロや紛争を起こす者には裕福な者もいます。また、多国籍企業などの民間の規範なき行動が武器の蔓延や紛争を助長することもあります。このような一面的なテロ・紛争問題のとらえ方は市民に誤ったメッセージを送ることになり、それがひいては他者、他国への無理解や脅威感を煽ることを懸念します。国際協力の第一歩は、他者、他社会、他国、他文化への理解であり、このような重点課題の置き方はODA大綱としてふさわしくありません。

5．大綱(特に原則部分)が恣意的に運用される危険性がある。

　新大綱の原則部分には、「テロや大量破壊兵器の拡散を防止する」という文言が加えられ、今後ODAが平和構築やテロ対策分野での支援が増えることを前提としています。しかし、それらは政治性が強い環境で行なわれるものであり、人権侵害などの危険性が高い分野です。新大綱でも、前文において「総合的に判断の上、ODAを実施する」という表記がそのまま残り、恣意的運用についての課題が残されています。新大綱では新たに「ODA大綱の実施状況に関する報告」としてODA白書で明らかにするとしていますが、国益目的との絡みの中で安全保障や通商政策に関わる事項がどこまで書き加えられるか不

明確です。結局、恣意的解釈の運用を事後報告で許す大綱には拘束力がなく、政策文書としての実効性に疑問が残ります。

6．人道的見地から世界の人びとが安心して暮らせる社会に向けて貢献するODAという基本理念を基本法で明文化すべきである。

　新大綱は耳障りの良い言葉が総花的に散りばめられていますが、骨格として貫くのは国益重視です。世界には、今なお多数の人々が飢餓と貧困に苦しんでおり、いわゆる"テロ"や紛争は深刻の度を高めています。日本がODAを行うのは、これらの問題を人道的見地から看過できないからであり、平和国家としての重要な使命であるからです。公平性、中立性に配慮しつつ、現場のニーズに真摯に応えるODAを可能にするためには、拘束力を持つ法律で理念を明記し、多様なステークホルダーで開かれた議論を行い、独立した機関によって実施し、国会を中心とした透明性のある監視が必要です。そのためには、今回の大綱では不十分であり、上記要件を盛り込んだODA基本法の早期制定が必要と考えます。

ODA改革ネットワーク・東京　世話人　山中悦子
　　　　　　　　　　　　　　　　　　高橋清貴

ODA改革ネットワーク（ODA−NET）
　ODA改革ネットワークは、96年9月に生まれたODA改革を目指す市民・NGOのネットワークです。途上国の人々の自立に貢献するODAの実現と、市民社会の「参加と公開」によるODA政策の立案・決定・実施を目指して活動しています。

❿政府開発援助大綱改定に向けての意見(2003年7月24日)

　政府開発援助(ODA)大綱改定に向けて提示された政府原案に対して、以下の修正を提案します。これら修正提案(文言修正ならびに削除提案)の受け入れの可否について、その理由を明記し、ホームページにて公開、公表され、今回のODA大綱改定のプロセスとして政府文書に記録されることを求めます。

　ODAの理念・目的は、「途上国の安定と繁栄」に貢献することで、もって「世界の平和と発展の確保」に資することである。

　「我が国の安全と繁栄の確保に資する」などと安易な文言を書き込むべきではない。

　ODA大綱はそれ自体で、外交上のインパクトを持つものであり、また国内外に向けての政治的意図を明らかにするものである。

　近視眼的な観点から、ODAを単に経済活動や政治活動の一手段としてしか見ていない国内の一部の意見に阿るものであってはならない。高い理想を掲げつつ、それに向けて日本が努力することを対外的に謳い、また国内外に理解を求めていくことこそ、日本が国際社会で名誉ある地位を占め、また、日本国内でのODAに対する信頼を増すための最善・最短の道であることを認識すべきである。

ODAは「ミレニアム開発目標(MDGs)」や人間の安全保障などの実現に最大限の努力をすべきものである。また、その実施には途上国の自主性(オーナーシップ)を尊重すべきである。

21世紀を迎え、国際社会が合意した「マニフェスト」達成に大きく貢献することこそODAのあるべき理念に合致するが、改定案からはその明確な意思が見えてこない。

先日パリで行われたエイズ・結核・マラリアと闘う世界基金ドナー会議においても、日本政府は新規拠出を表明することなく、批判を浴びた。エイズ治療薬の国際価格を左右するWTO会議においても米国支持のための途上国工作にODAが使われたと伝えられる。

世界のGDPの14％を占める経済力第2位の日本の外交と援助あり方は、世界4200万人のエイズ感染者の生死と未来を左右するものであり、ODAはそのように病気に苦しむ人々の希望を支えるものでなければならない。

大綱は貴重な税金をそのような国際社会の課題に取り組む意思として明確に書かれるべきである。また、「戦略性」とは、そのための戦略を表すものである。

改定案では、「平和の構築」、"テロ"や紛争問題への取り組みが新しく書き込まれたが、国際社会の「平和」の貢献にどのように取り組むのか日本としてのビジョンや実施原則が明かにされていないので、以下の諸点に特別な配慮を求める。

国際社会の平和に向けて、紛争の要因に、特にその構造的要因に根本的に取り組む意味でODAが果たす役割は大きくないと考える。しかし、改定案では定義の定まっていない"テロ"を貧困問題と結びつけて言及する箇所があり、紛争問題のとらえ方が一面的である。裕福な一部の国家の政治的意図によって引き起こされる紛争や一部企業の規範なき行動によって拡大する軍備の問題もある。また、貧困そのものが紛争の原因なのではなく、貧富の格差という社会的差別状況が問題なのである。

すなわち国際平和には「援助する側」の姿勢として問われる課題が多く、安易に貧困問題と結びつけるような言及は、他国への無理解や不寛容が増長される懸念がある。また、それに伴って国軍や警察などの公権力強化をODAで行った場合、人権侵害を助長する恐れがある。

拘束力のない大綱の「原則」が恣意的に運用されることによる危険性を避けるために、運用上の実施原則を明らかにし、また透明性、説明責任を高めるために必要な関連政策や制度を整える。

恣意的運用の危険性には3つある。ひとつは、「原則」があったとしても、ドナー側の事情によって判断基準や運用上の姿勢が十分な説明がないままに変わること。二つめに制裁の発動によってもたらされる女性や子ども、病人など最も脆弱な人々が被害を受けることへの配慮が欠けること。三つめは、それらの結果としてODAないし日本の外交姿勢全体に対する不信感を招くことである。この問題を避けるために、大綱見直しに合わせて、以下のことを行う。

【提案】

大綱運用の実施基準を設け、公開するとともに、運用の結果をODA白書などで説明する。

制裁の発動(あるいは解除)によって最も被害を受ける人々への適切な対応を確保するために、「ODAはもっとも脆弱な人々を支援するものである」という理念原則を定めた基

本法を制定する。

⓫在イラク国連事務所爆破事件についての意見書(2003年8月20日)

　8月19日の、在イラク国連事務所爆破事件では、現在わかるかぎりで、イラク人職員、国際職員など少なくとも17名の方々が亡くなり、100名以上の人が負傷しました。日本国際ボランティアセンター(JVC)発足時点からJVCのメンバーとも面識のある、国連事務総長イラク特別代表のセルジオ・デ・メロ氏(80年代は主にUNHCRで活動)も亡くなられたとのことです。今もなお瓦礫の下にいて救出できない犠牲者がいるなど、死傷者はさらに増える可能性があります。会議参加のNGOの犠牲者もいる可能性があります。犠牲者の冥福をお祈りするとともに、ご家族に哀悼の意を表します。また、一刻も早く救出活動が進むことを祈ります。

　このような大量殺傷事件とそれを行った者／団体を非難するとともに、3月20日の米英軍による攻撃開始以降のイラク状況が、ますます混沌とし、なお憎悪・破壊・暴力の応酬の悪循環が深まってしまっていることを感じます。

　現在イラクでは、基本的に戦争と戦闘のための組織である軍隊が「人道援助」に関与しています。このような中で、本来人道援助のための組織である国連／国連専門機関、国際NGOも、政治的色合いをもって受け止められ、攻撃されるようになってしまっていることを今回の事件は示しています。

　今後のJVCイラクの活動については、慎重に協議中ですが、安全面をふくめ活動できる条件の確認ができなければ一歩を進めることも容易ではないと考えています。なにより今回の事件によって、イラクの人々への人道支援、復興活動が一層遅れる可能性が出てきたことに憤りを禁じえません。

⓬イラク復興支援国会合に関する声明(2003年11月6日)

　2003年10月23・24日にマドリッドで開催された国際イラク復興支援国会合において、NCCI(イラクにおけるNGO調整委員会)が出した声明の和訳。この会議には、JVC代表の熊岡も日本NGOの出席枠でオブザーバとして出席。

　イラクの支援国が会合を準備するにあたり、「イラクにおけるNGO調整委員会(以下NCCI)」は、調整体としてのNCCI・多くはNCCIのメンバーであるNGOを招待してくれた本会合の発案者に感謝する。

　調整・協議のためにメンバー団体をまとめるNCCIの役割は、イラクの状況に関する幅広い見方をもたらした。この会議がNGOコミュニティにとって重要な場になるよう希望する。NGOコミュニティは、イラクの人々とともに、そしてイラクの人々のために行う日々の活動からの考えを提供する。

本報告は、いくつかの重要な点に言及し、分野別および技術的な問題に関しては直接にプログラムを実施する NGO に報告を任せる。本報告の鍵となるメッセージは次の通りである。

人道的観点でのニーズについて、まだ関心をよせる必要がある。

NGO はいまだ大きな存在であり、活動を継続し、資金援助を必要としている。

イラクにおける国連の活動は、実施において独立的なものであり、明確に定義されねばならない。

国際社会の仕事は、真に独立的・自立的なイラクの成長・発展に寄与しなければならない。

治安状況は改善されねばならない。

1．人道的観点でのニーズについて、まだ関心をよせる必要がある。

イラクのあらゆる分野において、いまだ人道援助はたいへん必要とされている。中でも、保健、水、衛生、教育、保護、そして居住は、もっとも重要な分野であろう。インフラは機能せず、基本サービスは提供されず、結果的にとりわけ弱い立場の人々に破壊的な影響を与えるであろう。NGO は、人々が基本的に必要なものを得られるように活動しているが、「オイル・フォー・フード」プログラムが終了し、その結果「公的配給システム」の変更が貧困家庭にマイナスの影響を与えることを危惧している。

公平と独立という人道上の原則を尊重しながら、イラクの人々の苦難を軽減するためのあらゆる試みが行われるべきである。この点において、いくつかの戦争、国際的な制裁、前政権、そして現在の不安定な状況が生み出す悪影響は、いまだ国際社会からの人道的関わりを必要する状況を生み出した。

私たちがイラクの人々とともにする経験は、多くのイラクの人々が人道援助に依存しており、見えうる将来においても同様だろうという現実を日々強めている。

NCCI は、国際社会に対して、人道的な努力への資金・資源を提供し続けることと、その資金が透明性と説明責任性をもつことを要求する。

2．イラクにおいて NGO はいまだ存在し、重要な活動を継続している。

影に日向に NGO がイラクを離れたという報道に反して、現在少なくとも 76 の NGO が活動を続け、250 人以上の外国人職員と 1500 人以上のイラク人職員を雇用していることがわかっている。NGO コミュニティは、イラクの人々に対して、とりわけ最も貧困化の激しいコミュニティにおいて、専門的な人道援助を続けている。

たしかに、国際職員の役割の見直しと再配置、イラクにおける治安の現状に応じたプログラムの再編成がおき、そして治安全体が大きな問題になっている現状はある。にもかかわらず、NGO 活動の質量ともに、「戦後レベル」から変化していない。いくつかの国際 NGO は、実際にプログラムを拡大しているし、国内 NGO や市民社会団体は増加している。

NCCI は、国際社会に対して、イラクにおける国際・国内 NGO コミュニティへの資金援助を続けることを要求する。

3．イラクにおける国連の役割

NGO には国連の残務全体を担う力はないし、イラク再建に関して国連と同じ役割を果たせるわけではない。それゆえ、国連がイラクに歓迎されて戻り活動再開することが、意味と成果をもたらすことにおいてのみ、、イラクの人々の利益につながると信じる。

国連と占領軍との間に連携があると思われることによって、国連職員や人道援助機関の職員に適切な治安・安全提供が難しくなることを憂慮する。

NCCIは、国連が占領当局から独立した立場で充分活動できる条件がつくられるよう支持することを、国際社会に対して要求する。

4．イラクにおける独立と自立を支持する

人道的ニーズを満たし、治安・安全を確保する基本的責任は、まずその国の政府に属する。真にイラク人を代表するイラク政府は、イラクの人々がよりよい未来のためにその資源を活用することを保障する。イラクは、この観点において、前進する努力は支持されるべきである。たとえば、政府の行政と計画部局にイラクの再建を調整する権限がより多く与えられるべきである。

それまでの間は、占領軍暫定当局(以下CPA)はよく運営された基本サービスと公共秩序の復旧を提供する法的倫理的責任がある。NGOとして、私たちの活動計画はCPAが彼らの義務である基本サービスを提供し、同時にできるだけ早く政治的民族的偏りのないイラク人固有の政府と行政の発展ができるよう動くことを前提としている。

NCCIは、各資金提供者がお互いに、また適切なイラク行政機関とともに、援助と復興の運営および調整が改善されるよう働くことを要求する。

5．治安状況は改善されねばならない

イラクにおいて治安・安全が確保できない状態が続けば、一般のイラク人の生活生命にマイナスの影響を与えることを指摘しなければならない。現在一般のイラク人は、市場に行く、あるいは仕事に行く、登校する子どもを送るというような当たり前のことをするために外出するだけで、かなりの危険に直面している。

現在の治安状況は、とりわけ女性や少女の外出の自由にマイナスの影響を及ぼしていて、誘拐や暴行を恐れるために教育や雇用の可能性をも奪われている。また現在の治安状況は、人道援助機関職員に対しても、爆発物、十字砲火、強盗、車強盗、略奪による死傷など、たいへんな危険をもたらしている。これは、援助や再建のための活動への障碍となっている。

NCCIは、国際社会に対して、安定した安全なイラクの発展のために必要な、市民社会の再建と経済的安定を支持するよう要求する。これには、適切なイラク警察の募集と訓練への支持を含む。

要約

イラクにおいていまだ人道援助はたいへん必要とされており、NGOはこれらの援助を続けている。ほとんどのNGOは現在の治安状況にもかかわらず効果的な働き方を見つけているが、やはりNGO活動は阻害されて続けているといえる。例外は珍しく、また私たちはイラクで失われた生命を心から悼む。NCCIは、イラクにおけるNGO活動の調整を続け、また各資金提供者に対し、イラクの省庁により大きな調整役としての働きを与えるよう、CPAを促すことを要求する。

「イラクにおけるNGO調整委員会(NCCI)」

⓭イラク戦争／「復興」に関する国際協力 NGO の緊急アピール
(2003年12月8日)——自衛隊派遣基本計画閣議決定を前にして——

　私たち日本国際ボランティアセンター(JVC)は、12月9日に予定されているイラクへの自衛隊派遣基本計画の閣議決定を前に、これに反対する意見を表明するために緊急アピール文を作成しました。また、12月8日、JVC 東京事務所(上野)においてマスコミ各社に対して同アピールを伝えるための記者会見を行いました。以下に、同アピールの全文を掲載します。

　5月1日の戦争終結宣言以来、既に半年が過ぎた。しかし、イラクの人々は治安の悪化と経済復興の遅れの中で困難な生活の継続を余儀なくされている。特に治安は、略奪や強盗などは少なくなったものの、イラク人及びイラク人以外の者による占領米軍に対する組織的な抵抗運動も加わって激烈さを強めている。その一方で、こうした反米武装勢力に対する米軍の掃討作戦も過激さを増し、両者の間で毎日のようにイラク国内のどこかで戦闘が行われ、多くの非戦闘員であるイラク民間人を巻き込み、死傷させている。イギリスの民間調査機関によれば、終結宣言以後、この戦争に関係する原因でのイラク民間人犠牲者は約2200人(5月2日~10月20日、Medact 報告書11月11日付)に上る。反米武装勢力による襲撃事件は占領軍以外のイラク人及び非武装の外国人、いわゆるソフトターゲットにも向けられ始めており、8月19日のバグダッド国連事務所爆破事件、10月27日の赤十字国際委員会(ICRC)爆破事件など記憶に新しい。この結果、いくつもの人道支援機関が国際スタッフの一時退避を余儀なくされ、医療や給水、教育などのニーズに応える人道支援の提供がますます困難になってきている。そうした中、11月29日にティクリット南部で起きた二人の日本人外交官の殺害事件は、私たちイラクで人道支援活動を続ける日本 NGO にも大きな衝撃であった。現在、いくつかの国際 NGO はスタッフの安全を第一に考え、ヨルダンなどの近隣国で待機しながら、可能な範囲で人道支援活動を継続しているが、本格的な活動再開の目処が立たないでいる。もし、このまま根本的かつ包括的な改善策が早急に取られなければ、イラクの人々は治安悪化の中で、縮減する復興・人道支援活動によって困苦が続く行き詰まりを脱することができず、更なる民間人犠牲者の増加を招くであろう。
　こうした中、日本政府は兼ねてから懸案であったイラクへの自衛隊派遣を進めようとしている。今とは大きく状況の異なる半年前に決定したイラク特別措置法に基づいて、基本計画の策定、閣議決定を行う予定でいる。しかし、イラクで人道支援活動を行っている私たち国際協力 NGO は、この自衛隊派遣を以下の理由から反対する。
　今、イラクに必要なのは正当に中立性、公平性が確保された国際的枠組みの支援を受けたイラク人政権の樹立という根本的かつ包括的な改善であり、効果が不透明な自衛隊派遣は今の状況においてはイラク人にとって何らメリットがないか、あっても限定的である。
　自衛隊派遣は、日本人を反米武装勢力の標的とする蓋然性を高め治安悪化を助長する恐れがある。また、自衛隊という軍隊による人道支援的な活動は「人道支援」の中立性という原則を損ない、他の国際 NGO や人道支援団体の活動スペースを狭め、国連や赤十字などのイラクへの復帰を遅らせるなどの影響が懸念される。
　政府は、自衛隊は自己完結性が高いので、治安の悪い場合ほど効果的な活動ができると説明するが、そのことは言い換えれば、費用対効果が低く、他の復興・人道支援活動(特

に民間人による）との調整を欠き、長期的なコミットメントや持続性を確保する活動が行えないことを意味する。更に問題なのは、自己完結的であるだけにイラク人の雇用を生まないことである。イラクでは労働人口の約60％が失業しており、この経済復興の遅れが占領軍への反感と不信を招き、間接的に治安悪化の土壌をつくっていると言われている。自衛隊はイラク人から雇用というニーズを奪う存在と見られる恐れがある。

以上の理由から私たちは、日本政府は自衛隊派遣を撤回し、イラク人の視点に立った「復興」協力の仕方を再考すべきであると考え、次のことを提言する。

イラクの人々にとってマイナスの影響の大きい自衛隊派遣を行うべきではない。米軍を中心とした占領軍が治安確保をできないことが既に明らかな中にあって、自衛隊の派遣は治安の回復に何ら貢献しないばかりか、中立性、公平性を原則とする人道支援活動を阻害する。戦争を支持した日本の自衛隊は既に中立性を失っており、派遣によって人道支援活動の中立性までも失わせることを認識すべきである。

日本がすべきことは、イラクの「復興」を正しい軌道に乗せることである。それは自発的なイラク人の自治能力を活かしながら正当な政権づくりを支援する国際的枠組み、すなわち国連の権限と役割の強化という制度整備に取り組むことである。困難だが最も必要なこの課題に日本が取り組むことで、イラク及び中東、そして国際社会に対して日本が平和に貢献する国であることを示すことになろう。

イラクの人々が今、最も必要としているのは、治安を回復しながら、イラク人が主体となって日常の経済生活を取り戻すことである。日本はイラク「復興」に対して既にODAによる多額の資金協力を約束したが、費用対効果が低く、ニーズに的確かつ迅速に対応する柔軟性を持たない自衛隊ではなく、文民による支援活動の可能性を探るべきである。適切に人道ニーズに応えられる文民を中心とした支援活動に特化することで、日本はいかなる場合も武力に依らないというメッセージをイラク、中東及び国際社会に発信することができるであろう。

日本は長期的かつ包括的視野に立って国際社会の「平和構築」に取り組む姿勢を明確に打ち出すべきである。特に以下の課題に積極的に取り組むことこそ、真の意味での国際平和への貢献となるであろう。

武器の製造・輸出を行わない国として、米国などの大量の武器製造・輸出を行っている国も例外とせずに国際社会全体で武器削減・貿易を規制する。

「テロ対策」や「民主化」という名の下で人権侵害が行われないように、国際人権規約や国際刑事裁判所（ICC）などのグローバル・ガバナンスを構築する。

紛争という「恐怖からの自由」のみならず、貧困や感染症などの「欠乏からの自由」、そして異文化理解や基本的人権の尊重など「絶望からの自由」とも言える社会心理学的側面の問題にも積極的に取り組む包括的な「人間の安全保障」を促進する。

⓮緊急声明：イラクにおける日本人人質事件に関する声明(2004年4月9日)

英語版声明文 PDF(2004/4/10掲載)
(この英語版声明を、日本時間4/10午前中にアルジャジーラのカタール本社に送信しました)
アラビア語版声明文 PDF(2004/4/13掲載)
【参考】『イラク復興・自衛隊派遣に関する緊急アピール』PDF(2003/12/8掲載)

　昨日、イラクにおいて3名の日本人(高遠さん、郡山さん、今井さん)が武装集団に拘束されたという報に接し、イラクで人道支援活動を続けてきた日本の国際NGOとして、また高遠さんと現地で多くの接点をもち助け合ってきた者として、大きな衝撃を受け、3名の方々の今後を心配しています。この3名の方々が解放され、家族のもとに無事戻れることを心からお祈りします。
　一方、政治と全く関係のない民間人、とりわけ人道支援に取り組む人々を人質にとり、さらに生命にさえ危害を加えるとの脅迫をする非人間的な行為を強く非難すると共に、一刻も早い解放を要求するものです。
　JVCは、湾岸戦争後の一年、そして2002年9月以降今日まで、人道支援を実施しながら、イラクの人々・こどもたちと交流し、状況を継続的に見守ってきました。
　昨年3月20日までは、「大量破壊兵器」問題の交渉・査察を通じた平和的解決が可能であると考え、イラクの市民・こどもを殺傷する、米国等による軍事行動に反対してきました。いまでも、この戦争=軍事行動という選択は、イラク、そして米国をふくむ世界に危険をもたらす、大きな誤りであったと考えています。
　また、多くの国々・人々が憂慮し予見したように、その後の米軍を中心とした占領行政は、(1)治安維持、(2)ライフライン確保、(3)経済・雇用のいずれの点も回復・改善できず、イラクの人々と社会に深い傷を残しています。しかも、ここ数ヶ月、中部・南部をふくめ、米軍・各国軍と抵抗組織、民衆との衝突は激しさを増し、イラク人政権の樹立をふくめ、明確な展望がもてない状態になっています。
　また日本政府は主に米国への協力という観点から、イラクへの自衛隊派遣を決定しましたが、その結果が及ぼす影響の検討もふくめ、論議は不十分なものでした。私たちは、戦後日本の憲法や国際協調政策の観点からのみならず、人道・復興支援は、国連・NGOなど非武装の中立的組織が行うべきという認識からも、自衛隊派遣に反対してきました。
　12月以降自衛隊派遣以来、イラク現地では、JVCをふくむ日本のNGO・ボランティア、広く日本に関係する者への敵意と圧力が強まってきたと感じてきていました。
　今回の事件に関しNGOとしてまず、日本政府が占領軍に協力する形で自衛隊を派遣したことが、懸念された通り、本来の人道支援を行ってきた民間の人々を危険にさらす結果に繋がったことに深い憤りを表明するものです。同時に日本政府は、3名の方々の生命を守るために、最大限の努力をすべきと考えます。自衛隊についてはテロに屈しないとの論理で、政府は撤退はないと述べますが、人道支援活動と言えども、軍組織であるがゆえにわずかな効果しかあげられない現実があります。当初からその存在意義が疑問視され、危険が指摘されてきました。占領軍の一翼を担う自衛隊による人道支援は止めるべきです。
　JVCでは、今年4月はじめの時点で、困難ではあるがなお人道支援・医療支援が可能と考え、現地に日本人駐在員をおき活動を続けています。様々な危険条件を想定しながら、

居住、通信、交通・移動などの安全措置を確保していますが、とりわけNCCI(「イラクにおけるNGO調整委員会」＝2004年1月時点で、112団体参加)およびその治安部会と密接に連絡をとり、安全を確保する努力を行っています。外務省からの情報も尊重しながら、NCCI共同での分析、決定に参加していく所存です。
　今回の事件および日本人の安否の動向を注意深く見守りながら、JVCの今後の活動と動きを決定していこうと考えています。みなさまのご理解とご協力を頂けるようお願いします。

⓯イラクでの活動に関するJVCの見解(2004年4月22日)

【1】なぜNGOが紛争地域で人道支援を行うのか
　人道支援の原点は、国境を越えた人と人との繋がりや相互信頼を重視して、政府に頼るのではなく、一人ひとりの市民が苦しむ人々の呼びかけに「人間の責任」として応えようとすることにあります。
　NGO(非政府組織)が人道支援活動を行うのは、「政府組織とは異なる視点・立場で活動する組織」としての特性によって、たとえ国交のない国でも、政治や思想、宗教を超えて、中立性や公正性に配慮しながら、必要としている人びとに支援活動を行うことができるからです。破壊による物心両面での喪失によって社会秩序が混迷している時、政府による支援では、その政治的な背景によって、必要なところに支援が届かないことや援助の偏りによって治安の悪化や復興の遅延を招くことがあると経験上、理解されています。そのため、紛争地ではNGOの活動が重要であると国際的に認知されているのです。
　JVCは、NGOとして政治や思想に偏らず、世界から孤立し内戦が行われていた時期のカンボジア、ソマリア、またここ10年では、パレスチナ、アフガニスタンなどにおいて人道支援活動を行うと共に、現地の人々の声と彼らの目に映る"現実"を伝える努力を続けてきました。例えば、国際社会から孤立していた80年代のカンボジアで、NGOは国外に出てくる難民だけでなく、国内に留まらざるを得なかった避難民に対しても支援の手を差し伸べ、孤立するカンボジアの内情を伝えることで、その後の和平プロセスにも影響を与えてきました。当時、日本政府はカンボジアと国交を断絶し、公的支援も行っていませんでした。邦人保護の可能性もなく、カンボジアへの渡航すら難しい状況でした。そのような中、NGOだけが国内で人道支援活動を行ってきたのです。紛争によって混乱している国や地域ほど外部からの人道支援の必要性が高いにも関わらず、政府は国の政策に合致しない限り支援を行わないのが現実なのです。

【2】イラクの現状とNGO
　今回のイラクの場合、米軍を中心とした占領統治の下で復興が行われていますが、遅々として進んでいません。それは、占領軍が激化する抵抗勢力の首謀者拘束や武力による制圧に力点を置くがために、復興・人道支援はおろか、治安の更なる悪化を招いているからです。イラク人による行政体制が未だ整わない事態の中で、外部からの人道支援の必要性は高まるばかりです。そのため、多くの国際NGOが、緊急ニーズに応えるためにスタッフを駐在させ、給水などライフラインの復興や医療支援などを行っています。活動は、

「イラクにおけるNGO調整委員会(NCCI)」というNGO連合体(2004年1月段階で112団体)の下で、治安を含む支援活動に必要な情報を定期的に交換しながら進められています。「紛争地域」と言っても激しい戦闘が行われている前線を除けば、なんとか日常生活を送ろうとする人々の暮らしがあり、そこに中立な立場を維持するNGOが人道支援を行いうる空間があります。住民との信頼関係を築くことで、NGOは刻々と変化する現場の必要性や治安状況を的確に把握しているのです。私たちJVCもNCCIと連絡を取る一方で、イラク人協力者を通した情報収集を図り、日々情勢分析を行いながら効果的な活動の方針を決めています。

【3】人道支援に取り組むJVCの安全対策

現場で活動するNGOは、想定される危険を回避するための対策を取り、自らの責任のもとで行動しています。JVCでは、過去の紛争地での活動経験、赤十字国際委員会、国連などのガイドラインを参考にして、現地で活動する際の行動を規定するガイドラインを作成しています。そして、イラクで活動するにあたり、JVCではスタッフの安全確保のため以下のような対策を取っています。

まず、正確な情報収集に努めています。信頼できる現地の人々や、メディア、関係機関、外務省等から常に治安情報を得て、派遣の可否や入国のタイミング、移動方法などの判断を慎重に行っています。特に、NCCIの治安部会とは密接に連絡をとり、最新の治安情報の入手に努め、退避対策の検討も忘らないようにしています。攻撃や武力衝突が起きている地区や発生が懸念される地区へは行かず、危険性が高い場合は宿舎に待機します。

また、複数の通信手段(携帯や衛星電話など)を確保し、定時連絡を通じて逐一現場と東京事務局とで所在や安否の確認を行っています。日々の活動予定も定時連絡の中で確認し、本部から適宜アドバイスしています。

そして、活動を行うかどうかの最終判断を、本部と協議の上、決めています。現場の情報と判断を最大限尊重しつつも、あらゆる角度からの検討を踏まえた総合的判断が必要であると考えているからです。

【4】現在のJVCの体制

4月18日以降、JVCは現地駐在の日本人スタッフを隣国へ一時待避させています。これは治安が急速に悪化していることやNCCI参加の外国人スタッフの多くが待避を始めているという情勢をふまえ、現地に駐在していても効果的な活動を行えないと判断したためです。しかし、イラク国内ではファルージャへの米軍の攻撃による被災をはじめ、人道支援の必要性は以前にも増して高まっています。JVCとしては隣国ヨルダンを拠点に、NCCIとの共同支援としてファルージャへの緊急支援を始めるとともに、引き続き白血病の子どもたちへの医療支援を行います。スタッフや関係者の安全に十分配慮しつつ、今後もイラク支援を継続していく所存です。皆様のご理解とご支援をお願い申し上げます。

⓰国際NGO、ラファでの家屋破壊の即時停止を要請(2004年5月18日)

パレスチナ自治区であるガザ南部のラファにおける、イスラエル軍による軍事攻撃と家屋破壊についてAIDA (Association of International Development Agencies、パレスチ

ナで人道支援を行う国際NGOの協議体)が以下の声明を発表しJVCも署名しました。

国際的人道団体、家屋破壊の即時停止を要請する

　国連の報告*によると、ガザ地区のラファでは2日間で新たに1,064人もの人々が住む家を失いました。これは今回のインティファーダが始まって以来、すでに家を失った11,000人のラファ住民に加わる数です。

　下記に署名する我々国際的人道機関にとって、この事態は受け入れられないものです。我々は、このような大規模な破壊を継続し、2004年5月16日にシャウル・モファズ・イスラエル国防相が発言したような「エジプトとガザ地区の境界線に新たな現実を作る」というイスラエル政府の計画に驚愕しています。

　この「新しい現実」とは、ラファの人びとにとって人道的な危機を意味します。それは、彼らの家、学校、診療所、宗教施設、その他民間のインフラ施設や人道目的の施設が破壊、または破損されることを意味しています。家族は住む家を失い、商売や、貯蓄、そして将来にわたる安全をも失っています。多くの人びとは、人道機関によって提供される臨時の避難施設や、毛布、食糧、水に依存せざるを得ない状況に置かれています。子どもたちが長期的に受ける心理面での影響は深刻になることが予想されます。

　このような規模での家屋破壊は、明らかに国際人権法および国際人権法に違反するものです。世界人権宣言は、その第25条で居住権を掲げています。

　我々、下記に署名する団体は、国際人権・人道法の全ての違反を非難し、以下の事項を要請します。

＊市民の家屋と財産に対する破壊行為が即時に停止されること。
＊イスラエル政府は、ガザ地区への、およびガザ地区内における人道支援に対して、一切制限のない自由な行動を保障すること。
＊国際社会は、国際法に則り、ラファ市民の財産を保護する責務を果たすこと。
＊イスラエル政府は、国際的な監視を受け入れ、その活動を容易にするために必要な措置を講じること。

(国連パレスチナ難民救済事業機関(UNRWA)プレスリリース　2004年5月16日)

❼国際NGO、『壁』についての国際司法裁判所の勧告を歓迎(2004年7月20日)

　7月9日に、国際司法裁判所(ICJ)が、イスラエル政府がパレスチナ自治区ヨルダン川西岸地区(西岸)で建設を進める『壁』(分離壁、障壁／バリアー、セキュリティフェンスなどと呼ばれている)は、パレスチナの人びとに多大な人道的被害をもたらすものとして、その建設を中止するよう、また建設により被害を受けたパレスチナ人への補償をするよう勧告を出しました。以下は、パレスチナ自治区で人道活動を行う国際NGOの協議体、AIDAがこの勧告について出した声明です。(日本語訳：田村祐子)
　AIDA (Association of International Development Agencies)

　下記に署名する人道支援団体は、イスラエル政府が、占領下のパレスチナ自治区での

『壁』建設に関する国際司法裁判所の勧告を受け入れ、『壁』がパレスチナ人にもたらしている多大な被害を認知するよう求めます。

50以上のNGOをメンバーに持つAIDAは、国際司法裁判所での判定を歓迎します。我々は、もしイスラエル政府が当裁判所の勧告に沿って行動を起こさなければ、それは世界の世論に反することになるだと考えます。

下記に署名するAIDAのメンバー団体は、『壁』が既にパレスチナの人びとの日常生活にもたらしている負の影響について深く憂慮しています。それは、農民を彼らの土地や水源から切り離し、家族と家族を切り離し、子どもを学校から、病人を病院から切り離しています。

(計画されている)全長700キロの障壁のうち、まだ4分の1しか建設が完了していませんが、その破壊的な影響は甚大です。そのためパレスチナの人びとは、建設が全て完了してしまえば、彼らが世界で最も巨大な屋外刑務所の囚人になってしまうのではないかと恐れています。

イスラエル政府は国際司法裁判所が『壁』問題を取り扱うことの正当性を否認しています。しかし、当裁判所の判決は、『壁』の建設ルートが国際人道法の重大な違反であり、西岸の肥沃な土地を(イスラエル側に)併合し、貧困に苦しむ人びとにさらなる困難をもたらしているという広く認識されている懸念を裏付けるものだと考えます。

この判決は、国際的な世論に大きく同調するものです。国連総会、米国、EU、その他多くの政府や、パレスチナの人びとと多くのイスラエル市民は、『壁』のルートの問題を避難してきました。

この国際司法裁判所の判決は、去る6月30日のイスラエルの最高裁が下した判決に続くものです。後者は、そこに住むパレスチナ人に被害をもたらすため、建設される『壁』のうち、30キロにわたる部分はそのルートを変更しなければいけないという判決でした。

障壁の90％は西岸の領域の内側に立てられ、場所によっては違法なイスラエルの入植地とその水源を取り込むため、20キロ近くもパレスチナ側に食い込んで建設されています。

我々は、『壁』が、人びとが職場、井戸、学校、病院に行き、親族を訪れる上での障害になっており、約100万人ものパレスチナ人の脆弱な安全を脅かしているという状況を嘆いています。

『壁』はグリーンラインから大幅に反れており、和平に向けた取り組みの重大な障害となり、イスラエルの隣に実質的なパレスチナ国家を作ることを不可能にしてしまいます。

また、『壁』は経済を弱体化させ、人びとの暮らしを危うくします。すでに人口の半分が1日2ドルの貧困ライン以下で暮らし、3分の2が失業しているパレスチナ人の困窮状況を深めることになるでしょう。

パレスチナの人びとは、『壁』は将来的なパレスチナ国家の国境を決めてしまうイスラエル政府の試みではないか、と恐れています。

このような問題は、パレスチナ人とイスラエル政府の間の真の交渉によってしか合意され得ないものです。下記に署名する団体は、国際社会に対し、公正な解決と持続的な和平に向けた交渉が再開するよう、全ての影響力を行使することを求めます。

正義ある和平に向けた真の交渉は、パレスチナとイスラエルの人びとに希望と将来への展望をもたらし、地域の全ての国家と人びとに和平と安全保障の見通しをもたらすことにつながります。

American Near East Refugee Aid (ANERA)
Caritas Jerusalem
Japan International Volunteer Center (JVC)
Lutheran World Federation
Medecins du Monde—France
など25団体

⓲アフガニスタンの地域社会支援を通じた復興と長期的関与への御願い
(2004年10月5日)

内閣総理大臣　小泉純一郎　殿

　私たち、現場でアフガニスタンの人々と共に活動してきた国際協力 NGO は、日本政府がこれまでアフガニスタンに対し人的、物的両面において多大な支援を行ってきたことを高く評価しています。しかしながら、今、アフガニスタンは10月9日の大統領選挙を迎えて、ますます政治的、社会的混迷を深めています。大統領選挙と議会選挙という二つの選挙を挟んだ期間を経て、アフガニスタンが再び混乱に陥り、多くの人々の困苦が増さないかと大きな不安を抱いています。私たちは、これまで日本政府がアフガニスタンの復興に対して行ってきた多大な努力を無駄にしないためにも、大統領選挙を目前に控えた今こそ、政府のアフガニスタンの治安回復と地域社会支援を通じた復興への長期的コミットメントを明らかにして頂きたく、ここに書面にて御願い申し上げる次第です。

　アフガニスタンでは、10月9日、歴史上初めての大統領選挙が予定されています。そして、この民主選挙はボン・プロセスの終着点としても位置づけられています。しかしながら、私たちはアフガニスタンの治安が日々悪化し、人々の暮らしも制約が大きく、厳しくなってきたのを目の当たりにするにつれ、選挙を決して「復興」の終わりにしてはならないとの思いを強めました。選挙という政治プロセスの節目が、かつてのように国際社会によるアフガニスタンへの関心を失わせる契機となってはならないと考えます。いみじくも原口国連大使は2004年4月6日の国連演説で、「アフガニスタンを再建し、永続的平和を達成するための取り組みは、選挙の実施で終了する訳ではなく、国際社会の長期のコミットメントが不可欠」だと言明されたことに私たちも意を強くし、この約束を確実に果たしてくれるものと信じています。更に、日本政府は国際社会に向けて、長期的な関与の必要性を強く訴えて頂きたいと思います。

　現在のアフガニスタンにおいて治安の問題は重要です。しかし、それ以上に重要なのは、アフガニスタンの人々の生活を困難にする教育や保健など様々な問題に取り組むことです。これまで国際社会の支援は、アフガニスタンの国家を確固なものにすることに主眼が置かれてきました。その一方、多様な地域社会に生きるアフガニスタンの人々の暮らしの改善は遅々として進まず、今年3月のベルリン会合で国際社会が示した貧困脱却のビジョンや国際合意である「ミレニアム開発目標（MDGs）」の達成まではるかに遠い道のりです。今、最も必要なのはアフガニスタンの人々が力づけられ、それぞれの地域社会に根ざした習慣と仕組みを尊重した復興計画に改められるべきと考えます。このことは、治安問題に

おいても同様で、アフガニスタンの人々自身の理解と協力、そして意思決定への参加がなければうまくいきません。
　こうした現状認識に立ち、私たちは以下のことを日本政府に提案します。
　日本政府は、選挙後もアフガニスタンの人々を中心とした支援に引き続き関与することを明言し、G8の重要なプレイヤーとして国際社会に向けて長期的な復興と治安回復への取り組みを行うよう働きかけて下さい。
　日本政府は、上記提案を実現するにあたって外務省にて、長期的視点から治安、武装解除、地域社会に関する支援政策を盛り込んだ国別援助政策をすみやかに策定して下さい。
　また、日本政府は、国際協力機構（JICA）にて、現在策定中の国別援助計画の中に、明確にアフガニスタンの人々を力づけ、地域社会の強化を目的とした支援策を盛り込むようにして下さい。
　最後に、日本政府は、上記の提案を実現するにあたって、これまで日本政府が投じてきた資源がアフガニスタンの人々の生活を実質的に改善する優先的なプログラムに確実に使われるようにして下さい。また、その際には、「ミレニアム開発目標」の実現を指標に評価を行うなどして、アフガニスタン及び国際社会に対して説明責任を果たして下さい。
特定非営利活動法人　日本国際ボランティアセンター
オックスファム・ジャパン
社団法人　セーブ・ザ・チルドレン・ジャパン
特定非営利活動法人　日本紛争予防センター
特定非営利活動法人　インターバンド
社団法人　シャンティ国際ボランティア会(SVA)
特定非営利活動法人　ジェン(JEN)

CC：町村信孝　外務大臣
　　緒方貞子　国際協力機構理事長

⓫イラク復興支援信託基金ドナー委員会会合及び拡大会合（東京会合）に向けての要望書(2004年10月12日)

外務大臣　　町村信孝　殿
　昨年の3月に始まった戦争は、多くの破壊と犠牲者をもたらしました。その後も、連合暫定当局（CPA）による占領政策の失敗から、暫定政権下でも過度に武力を重視して継続する「治安回復」等と、それに反発する武装勢力との間の暴力の応酬・連鎖によって、イラクの人々の生活は脅かされ続けています。
　今年6月、主権がCPAからイラクに返還されましたが、治安は安定せず、最近では来年1月の移行国民議会選挙を控えて、反対派の封じ込めに米軍とイラク軍の武力による押さえつけが一層厳しくなってきています。ファルージャやサドルシティでは毎日のように空爆が続き、10月1日には中部サマラで米軍とイラク軍による掃討作戦が実施されました。この作戦で、米軍は「125名の武装勢力を殺害した」と発表しましたが、イラク赤新月社

は「ほとんどが一般市民で、遺体が路上に散乱している状態」と報告しています。また、米軍や米軍に協力するイラク人を狙った「テロ」が多発。9月30日には、バグダッド南部では連続爆発事件があり、米兵から菓子を配られていた子供35人を含む42人が死亡するという悲惨な事件が起きています。開戦から今までで犠牲になったイラク市民の数は13,086人から15,149人に上ると言われています（Iraq body count 10月6日現在）。

　今回の復興会合では、1．治安、2．選挙準備を含む政治プロセス、3．復興戦略の三つの復興課題が議論されます。私たちは、復興課題を話し合うには、イラクの人々の視点から生活回復と安定について議論することを基本的考え方にすべきと考えます。イラクは現在、ますます混迷の度を深めています。このような状況を見ていると、いつになったらイラクの人々が安心して暮らせるようになるのか憂慮の念を深めずにはいられません。「復興」は、今でも無意味に命を落とし、恐怖に怯えているイラクの人々の視点から考えるべきです。日本は、「人間の安全保障」を国際協力外交の柱としています。今こそ日本政府は、「イラクの人々を中心とする」姿勢を明確に打ち出し、ぜひ以下の諸点を考慮に入れ、この復興会合を真にイラクの人々のためにするよう求めます。

【要望事項】
1．民間人保護について
　これ以上イラク市民の間に犠牲を出さず、生活回復の基盤を壊さないようにして下さい。戦争前の外交行動から自衛隊派遣まで常に協力してきた日本は、現在の治安状況に対しても大きな責任があります。現在、来年1月の移行国民議会選挙を控えて、「治安回復」の名目で行われている米軍の武力行使は選挙実現に役立つどころか、多数の市民の命を奪い、彼らの生活基盤を破壊し、イラクのさらなる混乱と不安定化を導くものです。イラクの人々の生活回復は、政治プロセスの達成で終わるものではなく、そこから始まるものでもありません。また、現在のイラクの治安悪化と改善の困難さは、国連決議を無視した戦争の開始、民間人保護を軽視した占領政策など、ジュネーブ条約違反を含む基本的な国際規範を蔑ろにしたことに主たる原因があります。私たちは、国連アナン事務総長と同じく、何よりも治安は「法の支配」の確立がなければ回復しないと考えています。日本政府は、米国に対し武力行使を即時中止し、国際法など「法の支配」に基づいた民間人保護を徹底するように働きかけて下さい。

2．「復興戦略」について
　「復興」については、私たちの現場活動及びイラクの人々から知り得た以下の課題への対応を考慮して下さい。

　基本的な生活ニーズ（Basic Human Needs）への対応を中心とした人道支援を優先させること。また、武力衝突などで被害を受けた地域や人々への救済を何よりも高いニーズとして優先する。しかし、その実施にあたっては、武力行使ととられかねない軍隊や自衛隊が行うのではなく、中立性をもったNGOや国連機関などによって行われるべきである。

　人道支援を最優先にした上で、湾岸戦争から今回のイラク戦争によって創り出されたイラクの特別なニーズに応えること。例えば、イラクでは劣化ウラン弾の放射能が原因と思われるガンや白血病など、難病の子どもたちの数が増えており、特別な支援が必要。今回の戦争でも劣化ウラン弾が使用されたこともあり、さらに増える可能性がある。予防の観点からも、関連情報の早期公開を米英両国政府に求めると共に、放射能汚染の調査と除去

を行うこと。
　戦争によって国を追い出された難民への早急な対応を行うこと。今回の戦争で難民になった人たちが、ヨルダンのルウェイシェッド難民キャンプに521名、イラクとヨルダンの国境の無人地区（ノー・マンズ・ランド）に、761名が一年半もテントで暮らしている。砂漠に位置する難民キャンプは非常に環境が悪く、解決に向けて国際社会の積極的な介入が望まる。特に、日本政府はイラク戦争開始前に、難民支援を行うと表明しており、改めてこの約束を実現すること。具体的には、彼らが人間的な生活に戻れるように、
　支援国間で、包括的に第三国定住を受け入れる話し合いを持つ。
　現在の難民キャンプの生活環境改善に早急な支援を行う。
　最後に、私たちは、復興会合ではイラクの人々を中心に議論すべきで、会合を大義なき戦争を正当化する政治目的に利用してはならないことを強調しておきます。この戦争に一貫して反対してきた私たちは、今回の復興会合にとどまらず、現在の混乱状況をもたらしたイラク戦争とは一体何だったのか、実際にイラクの人々の暮らしはどのように変わったのか、そのことを真摯に捉えなおし、戦争の不当性を問い直すべきであると考えていることを付け加えておきます。

⑳イラク・ファルージャ攻撃に際してのNGO有志の声明（原文は英語）
（2004年11月）

　私たち、下記署名の人道支援団体は、米軍とイラク軍によりファルージャ、ラマディ、その他のアンバール州に加えられている大規模攻撃の渦中にある数千もの民間人の安全を懸念しています。
　逃げることができず、ファルージャ市内に釘付けになっている人々の数は不明です。現場の援助団体の職員は20万人以上の人々が、避難場所と保護を求めてファルージャから隣接する地域に逃れて来ていると推計しています。移動を余儀なくされた人々は、飲料水と食料が不足、避難施設も（民間の個人宅でも、公共の建物でも）過密状態にあります。保健医療施設は人材の不足と医薬品の不足に直面しています。
　多国籍軍とイラク軍による暴力の激化は、未曾有の民間人の犠牲者を既に生み出すに至っており、NGOの報告はこの作戦が治安状況を大幅に改善することには失敗したことを示しています。
　「多数の一般人が最新の攻撃が始まる前にファルージャから避難することが出来た一方で、まだ数千もの民間人がそこにいる。」とファルージャを拠点に活動する援助職員は証言しています。「この戦場に生き残っている民間人の保護が緊急に必要とされている。子どもたちや女性は日常生活を脅かされており、全ての物が停滞を余儀なくされている。これらの衝突の只中に置かれた民間人を守るべく国際社会は行動を起こすべきだ。」
　60日間の国家非常事態の宣言と、ファルージャへの軍事攻撃の承認は、イラク政府が、国連安全保障理事会決議1546号を適用するに適切な環境を保障するといった法的義務を果たすことに失敗したことを示しています。
　私たちNGOは米国とイラク暫定政府に対して適用するべき国際的な人権と人道法を最

大限に尊重することを要求します。それと共に、慣習法の適切な法支配を認め、民間人を軍事作戦によってもたらされる影響から保護することも要求します。同様の要求はファルージャの武装グループの指導者たちや、軍事衝突に加わる他のいかなる抵抗勢力に対しても表明されます。

　私たち NGO は、いかなる場所においても必要とされる援助を差し伸べることは道徳的な義務と考え、国際社会が、ジュネーブ協定に従って、独立と公平の原則の下、いかなる有害な差別をも排し人道支援を供与するのに必要な条件を可及的速やかに作り出すために介入することを求めます。加えて、軍事衝突の最中に取り残されている民間人の脱出路を提供するために、早急に人道のための回廊が設けられるべきです。

署名団体
ICS: Italian Consortium of Solidarity
Intersos
JVC: Japan International Volunteer Center
（日本国際ボランティアセンター）
MCC: Mennonite Central Committee
PU: Premiere Urgence
TDH: Terres des Hommes Italia
War Child UK
WV: World Vision

【執筆者・編著者】（五十音順）

大野和興（おおの・かずおき）
ジャーナリスト（農業・農村・食料問題）。JVC 理事。
1940年、愛媛県生まれ。アジア農民交流センター（AFEC）世話人。主な著書『あぶない野菜』（めこん）、『農と食の政治経済学』（緑風出版）、『日本の農業を考える』（岩波書店）など。

大和 修（おおわ・おさむ）
ジャーナリスト。
1944年生まれ。1967年、朝日新聞記者となり、大阪本社社会部、東京本社政治部、外報部などで勤務。1980年半ばから90年代半ばにかけてバンコク特派員、アジア総局長として東南アジアを中心に取材。その後、西部本社編集局長、論説委員などを務める。

岡本 厚（おかもと・あつし）
『世界』編集長。
1954年生まれ。岩波書店『世界』で政治、軍事、教育などを中心に編集を行なう。1996年、同誌編集長、現在にいたる。著書『北朝鮮とどう向き合うか』（かもがわ書店）など。

小川秀代（おがわ・ひでよ）
WE21 ジャパン事務局長。
1956年、静岡県生まれ。神奈川ネットワーク運動の厚木市議在任中、WE21 ジャパン最初の立ち上げに参加。これまでの54店舗開設に関わってきた。1999年9月より WE21 専従事務局員。2003年4月より現職。

熊岡路矢（くまおか・みちや）
JVC 前代表理事。
1947年、東京都生まれ。1980年インドシナ難民救援活動・JVC 創設に参加。81年シンガポール UNHCR 難民キャンプ勤務。その後カンボジア国内で技術学校、90年からベトナムで職業訓練活動（HCR 協力）。95年から JVC 代表。著書『カンボジア最前線』（岩波新書）、『NGO の挑戦』（共著、めこん）、『NGO の時代』（共著、めこん）など。

倉川秀明（くらかわ・ひであき）
元 JVC タイ事業担当。
1953年、埼玉県生まれ。1990年国際協力事業団（当時）よりパプアニューギニアへ日本語教育専門家として派遣される。1997年パプアニューギニアでの干ばつ・飢餓救援キャンペーン担当、1998年同津波災害救援担当。2003年11月から2005年5月まで、タイ現地代表を務める。

清水俊弘（しみず・としひろ）
JVC 事務局長。
1962年、東京都生まれ。1987年に JVC に参加。タイのカンボジア難民キャンプ、カンボジア、アフガニスタンなどで活動。2002年から現職。地雷廃絶日本キャンペーンの運営委員。著書『地雷と人間』（共著、岩波ブックレット）、『戦争をしなくてすむ社会をつくる30の方法』（共著、合同出版）など。

壽賀一仁（すが・かずひと）
JVC 事務局次長。
1965年、東京都生まれ。エチオピアをはじめ、主にアフリカで農村開発に関わる。論文

「ジンバブウェ黒人小農の現在」(『アフリカレポート』No.40、アジア経済研究所、2005年)、「行政に依存しない実施体制」(『IDCJ Forum』No.22、国際開発センター、2002年) など。

高橋清貴 (たかはし・きよたか)
JVC調査研究・政策提言担当。恵泉女学園大学(特任)助教授。
1960年、千葉県生まれ。青年海外協力隊、開発コンサルタント、イギリス留学を経て、1996年からJVCに参加。取り組んでいるテーマはODA改革、農村金融の社会的インパクト、平和構築(紛争影響評価や軍民関係など)。著書『平和・人権・NGO』(共著、新評論)、『ODAをどう変えれば良いのか』(共著、コモンズ)、『NGOの時代』(共著、めこん)。

谷山博史 (たにやま・ひろし)
JVC代表理事。
1958年、東京都生まれ。1986年にJVCに参加。タイ、ラオス、カンボジアでの駐在を経て、94年から8年間JVC事務局長。2006年から現職。この間、地域の国際協力推進会議、NGO非戦ネット等のネットワーク団体の設立に関わる。著書『地球人として生きる』(共著、岩波ジュニア新書)、『NGOの挑戦』(共著、めこん)、『NGOの時代』(共著、めこん) など。

寺西澄子 (てらにし・すみこ)
JVCコリア担当。
1977年、東京都生まれ。大学在学中に韓国に交換留学。2000年より現職。「南北コリアと日本のともだち展」実行委員会事務局。著書『戦争なんてもうやめて』(共著、大月書店)、『北朝鮮の人びとと人道支援』(共著、明石書店) など。

長瀬理英 (ながせ・りえい)
翻訳業。ODA改革ネットワーク・東京運営委員。
1958年、岐阜県生まれ。著書『ODAをどう変えればいいのか』(共著、コモンズ)、『日本人の暮らしのためだったODA』(共著、コモンズ) など。

原 文次郎 (はら・ぶんじろう)
元JVCイラク現地調整員。
1963年、静岡県生まれ。「9.11」事件以後に平和運動に触れ、アフガン難民との出会いを契機に日本の難民支援に関わる。イラク戦争当時は米国に滞在。難民救援NGOのIRCでインターンを務めた。

藤屋リカ (ふじや・りか)
JVCパレスチナ事業担当。
1967年、山口県生まれ。保健師。広島市役所保健所勤務、パレスチナでのNGO現地派遣員としての母子保健活動等を経て2004年より現職。著書『平和・人権・NGO』(共著、新評論)。

山﨑 勝 (やまざき・まさる)
JVCカンボジア農村開発担当。
1975年、埼玉県生まれ。大学在学中に農業に関心を持ち、アジア学院農村指導者養成学校にて研修を受ける。大学卒業後、NGOスタッフとしてカンボジアに赴任し、農業や農村開発のプロジェクトに携わる。2003年から現職。

特定非営利活動法人 **日本国際ボランティアセンター**
(JVC=Japan International Volunteer Center)
〒110-8605　東京都台東区東上野1-20-6　丸幸ビル 6F
電話　03-3834-2388　FAX　03-3835-0519
E-mail　info@ngo-jvc.net
URL　http://www.ngo-jvc.net

NGOの選択 グローバリゼーションと対テロ戦争の時代に

初版第 1 刷発行　2005年11月 6 日
第 2 刷発行　2007年 4 月12日

定価　1900円＋税

著者　日本国際ボランティアセンター(JVC)

装丁　水戸部功

発行者　桑原晨

発行　株式会社めこん
〒113-0033　東京都文京区本郷 3-7-1　電話03-3815-1688　FAX03-3815-1810
ホームページ　http://www.mekong-publishing.com

印刷・製本　太平印刷社

ISBN978-4-8396-0188-1 C0030 ¥1900E

0030-0509188-8347

JPCA 日本出版著作権協会
　　　http://www.e-jpca.com/

本書は日本出版著作権協会(JPCA)が委託管理する著作物です。本書の無断複写などは著作権法上での例外を除き、禁じられています。複写(コピー)・複製、その他著作物の利用については事前に日本出版著作権協会(電話03-3812-9424　e-mail：info@ e-jpca.com)の許諾を得てください。

NGOの時代 平和・共生・自立 日本国際ボランティアセンター著 定価2200円+税　四六判・360ページ	「南で学び日本を変える」 JVC設立20周年を記念し、試行錯誤の過去の歩みと未来への展望と覚悟を真摯に綴る。
母なるメコン、その豊かさを蝕む開発 リスベス・スルイター（写真・文） メコン・ウオッチ、JVCほか訳 定価2800円+税　A5判・272ページ	オランダの女流写真家がメコン流域の国々を長期にわたって取材。人智を超えた自然の豊かな恵みとそれを蚕食する人間の愚かな営みを伝える。
イサーンの百姓たち NGO東北タイ活動記 松尾康範 定価1600円+税　四六判・216ページ	グローバリゼーションの嵐の中で追い詰められた農民たちとNGOが手を結んだ。地域の農業が生き残る道を模索するタイと日本の百姓の交流。
難民キャンプのパントマイム 矢野和貴 定価1600円+税　四六判・230ページ	80年代、難民があふれるタイ・カンボジア国境に日本のボランティアが初めて登場した。救援する者とされる者の微妙な関係を6年間の現場体験から描く。
ネグロス・マイラブ 大橋成子 定価1600円+税　四六判・248ページ	バナナと飢餓の島で、NGOのつっぱり女が元フィリピン共産党の活動家に出会った…。マッチョな彼は5人の子連れ。さあ、どうなる…。
変容する東南アジア社会 民族・宗教・文化の動態 加藤剛編・著 定価3800円+税　A5判・482ページ	ダイナミックに変容しつつある東南アジアの周縁地域の状況を、気鋭の人類学者・社会学者・歴史学者がフィールドから報告。
フィリピン歴史研究と植民地言説 レイナルド・C・イレート他 永野善子編・監訳 定価2800円+税　四六判・394ページ	アメリカから歴史を取り戻す…。ホセ・リサールの再評価を中心に、アメリカが歪曲したフィリピンの歴史を作り直そうという試み。
ラオス概説 ラオス文化研究所編 定価5400円+税　A5判・570ページ	歴史・政治・民族・宗教・文化・言語・経済・農業・運輸・マスメディア…ラオスと日本の研究者が総力を結集した決定版。